39

Traditional Chinese Learning | 国学茶座

山东人民出版社 · 济南
国家一级出版社 全国百佳图书出版单位

图书在版编目（CIP）数据

国学茶座．总第39辑 / 杜泽逊主编；江曦副主编．--
济南：山东人民出版社，2024.4
ISBN 978-7-209-14712-5

Ⅰ．①国… Ⅱ．①杜… ②江… Ⅲ．①国学－丛刊
Ⅳ．①Z126-55

中国国家版本馆CIP数据核字(2024)第080425号

出 版 人　胡长青
项目统筹　王海涛
责任编辑　杨子锦

山东出版传媒股份有限公司
山东人民出版社出版发行
网址：http://www.sd-book.com.cn
社址：济南市市中区舜耕路517号　邮编：250003
编辑室电话：0531-82098902　总编室电话：0531-82098914

东营华泰印务有限公司印装
16开本（169毫米×232毫米）　11印张　160千字
2025年3月第1版　2025年3月第1次印刷
定价：25.00元
（如有印装质量问题，请与出版社总编室联系调换）

卷首语

西方古典学和中国古典学

杜泽逊

西方古典学研究的重点是古典时期希腊、罗马的文学、历史和哲学，而学习古典时期希腊、罗马文学、历史和哲学，必须通晓古希腊语和拉丁语。尤其是拉丁语，在黄金时代和白银时代成为地中海乃至全欧洲的学术界通用语言，许多经典著作都是用拉丁语写成的。所以，西方古典学的分支——语言文字学，主要是采用古希腊语和拉丁语；而文学、历史和哲学也主要是古代希腊、罗马的作品，如《荷马史诗》、希罗多德的《历史》、毕达哥拉斯、巴门尼德、柏拉图、亚里士多德的庞大哲学体系。可以说，古代希腊、罗马的文学、历史和哲学，是欧洲文学、历史和哲学的源头，其语言文字则为古希腊语和拉丁语。

我们中国，历史上公认的源头性的文化典籍是“五经”：《易经》《书经》《诗经》《仪礼》《春秋》。在两千多年的历史上，“五经”成为官方确定的首要的经典。通晓“五经”就是最高贵的学问。而通晓“五经”的门径，就是以《尔雅》《说文解字》《广韵》为代表的训诂学、文字学、音韵学。因此，中国古典学在语言文字学上的主体是训诂学、文字学、音韵学，合称“小学”，它相当于西方古典学的古希腊语和拉丁语的研究。而“五经”则相当于西方古典学研究的古代希腊、罗马的文学、历史和哲学著作。中国古典学在经典体系上，自成一完整体系。文学的源头是《诗经》，史学的源头是《书经》《春秋》，哲学的源头是《易经》，伦理学的源头是《仪礼》。孔子是整理、传承、诠释“五经”的祖师。所以，中国古典学有明确的核心经典、与之配套的语言文字学以及研究传承的脉络，历代对“五经”的解释及语言文字学成果汗牛充栋，构成了中国古典学的庞大体系，是中国文化和学术的根基。

中国古典学的延伸部分，是其他先秦古籍，例如《周礼》《论语》《礼记》《春秋左传》《春秋公羊传》《春秋穀梁传》《孝经》《孟子》《荀子》《老子》《庄子》《墨子》《管子》《商君书》《韩非子》《孙子兵法》《山海经》《国语》《战国策》《楚辞》等。汉朝以来对这些先秦典籍的诠释成果也异常丰富，是中国古典学的组成部分。

汉朝以来，古典学得到了进一步发展，逐步形成了经部、史部、子部、集部、佛藏、道藏六大部类典籍。中国古典学体系进一步丰富化、系统化。中国古典学作品的语言，是文言文。这是重要的语言标志。今天的中国学科门类，中国古典学涉及古代文学、语言文字学、古代历史、古代哲学、古代艺术、古代科技、古代宗教等门类，是中华优秀传统文化的主体。

中国是多民族国家，少数民族语言文字及其文学、历史、宗教、哲学等，也有非常丰富的古典文献，如藏语、回鹘语、蒙古语、满语、纳西文、彝文等，有关的典籍和语言文字研究，也是中国古典学的重要构成部分。

2024年5月7日于校经处

（作者单位：山东大学文学院）

目录　国学茶座　总第三十九辑

易学浅说（三十八）

王新春

三十七、虞翻对以往八卦图式的解构

借日月在天所成八卦之象，虞翻对以往的八卦图式作了解构。

《说卦传》“帝出乎震”“万物出乎震”两段文字，曾开示过一个由八卦所涵摄符示的时空一体互显的动态流转型立体宇宙图式，借此揭示阴阳的对待流转，四时的递嬗与万物的生化，点示人与万物就生化于这一宇宙八卦易场之中。虞翻之前，魏相、《易纬》、荀爽等，相继深化过这一图式，赋予其鲜明的卦气阴阳消息说的语境，令其开示着一宇宙八卦卦气易场。对于这一八卦卦气图式与八卦卦气易场，虞翻则以日月往来意义上的在天八卦与在天八卦易场予以解构性诠释。

《说卦传》说：

> 帝出乎震，齐乎巽，相见乎离，致役乎坤，说言乎兑，战乎乾，劳乎坎，成言乎艮。万物出乎震，震，东方也。齐乎巽，巽，东南也。齐也者，言万物之絜齐也。离也者，明也，万物皆相见，南方之卦也，圣人南面而听天下，向明而治，盖取诸此也。坤也者，地也，万物皆致养焉，故曰致役乎坤。兑，正秋也，万物之所说也，故曰说言乎兑。战乎乾，乾，西北之卦也，言阴阳相薄也。坎者，水也，正北方之卦也，劳卦也，万物之所归也，故曰劳乎坎。艮，东北之卦也，万物之所成终而所成始也，故曰成言乎艮。

虞翻逆以往基于《说卦传》的八卦卦气图式诠释大势，针对《说卦传》施以在天八卦的别异诠释：

出，生也。震初不见东，故不称东方卦也。

巽阳隐初，又不见东南，亦不称东南卦，与震同义。巽阳藏室，故“絜齐”。

离为日为火故明，日出照物，以日相见。离象三爻皆正，日中，正南方之卦也。

坤阴无阳，故道广布，不主一方，含弘光大，养成万物。

兑三失位，不正，故言“正秋”。兑象不见西，故不言西方之卦，与坤同义。兑为雨泽，故说万物。

乾刚，正五，月十五日晨象西北，故“西北之卦”。“薄”，入也。坤十月卦，乾消剥入坤，故“阴阳相薄”也。

坎二失位，不正，故言“正北方之卦”，与兑“正秋”同义。坎月，夜中，故“正北方”。

艮三得正，故复称“卦”。万物成始乾甲，成终坤癸，艮东北，是甲癸之间，故“（艮）万物之所成终而成始”者也。（李鼎祚《周易集解》卷十七）

月体纳甲图式与《说卦传》八卦方位图式

八卦卦气图式

创造性转化“月体纳甲说”，虞翻创新性揭示日月运转引发的开示阴阳消息易道一天道大要的在天八卦之象，用以诠释《说卦传》上述言说的内容，并回应以往八卦卦气图式理路下的诠释。

在他看来，“万物出乎震”，谓万物出生于新月震象出现于庚西方所昭示的阳之初息意味着的天地宇宙间造化力量阳气的创生。震初一阳就是昭示宇宙造化阳刚生生力量的月相光明面的初生新月之象，此象每月初三日左右出现于庚西方位，而不出现在东方，所以《说卦传》不称其为东方之卦。“震，东方也”，本谓震是位于东方之卦，在正东，而呼应典范形态的纯正春象，因而虞翻之前的易学家将其解读为夏历仲春二月卯之象。虞翻由此解构了以往八卦卦气图式中震气配应空间正东方位、时序夏历仲春二月卯之说。

“絜齐”本同洁齐，本谓春夏之交万物生机勃发、生意盎然、色泽鲜亮、生长整齐，虞翻则读齐为斋，将絜齐解读为洁斋，即净洁斋戒。《系辞上传》“圣人以此先心（通行本作洗心），退藏于密”，虞翻即诠释说：“圣人谓庖牺，以蓍神知来，故以先心。阳动入巽，巽为退伏，坤为闭户，故藏密，谓齐于巽以神明其德。”（李鼎祚《周易集解》卷十四）“齐”即谓在密室中斋戒。巽与震旁通，巽初一阴伏藏着震初一阳。巽初一阴就是昭示宇宙造化阴柔肃杀力量的月相阴暗面的初生之象，该象的出现，意味着昭示宇宙造化阳刚生生力量的月相光明面的初始伏藏之象，该象在每月十六、十七日左右早晨出现于辛西方位，而不出现在东南方，与震象不出现于东方而不称东方之卦意涵思路一致。巽初一阳伏藏于一阴之下，昭示阳刚力量密藏暗室之中洁身斋戒。这就解构了以往八卦卦气图式中巽气配应空间东南方位、时序夏历季春三月辰与孟夏四月巳之说。

在天八卦之象中，离象就是日之本相，日、火密切相关，于是离象又即火象。日、火光亮照物而为光明之源，日出照物，令天地宇宙间的事事物物皆得以相见，所以说“离也者，明也，万物皆相见”。每日日中时分，即正午时分，离象出现于中天己位，此际可谓中天之卦；转瞬由中天渐现于正南中天，此际可谓正南方之卦。离象的初阳、二阴、上阳也皆阳居阳位、阴处阴位而得其正，是则“正南方之卦也”。虞翻以前的易学家，将此“正南方之卦”解读为以空间表征时序、以正南方位与典范形态的纯正夏象即夏历五月午之象互诠互显。而经虞翻这一新诠释，显然就解构了以往的八卦卦气图式中离气配应空间正南方位、时序夏历仲夏五月午之说。

在天八卦之象中，三阴的坤象就是昭示宇宙造化阴柔肃杀力量的月相阴暗面的全然息显之象，该象出现，意味着昭示宇宙造化阳刚生生力量的月相光明面全然被消而伏藏之象，该象以阳之丧灭为标志，于每月二十九日左右，先是出现于乙东方位，而后归于日月相会的癸北方位。又因坤阴无阳，其道广布于四方，而不专主于一方，且坤地含容深弘，光显盛大，顺应乾天养成万物，所以不称坤为何方之卦。这就解构了以往八卦卦气图式中坤气配应空间西南方位、时序夏历季夏六月未与孟秋七月申之说。

“正秋”本谓兑卦符示典范形态的纯正秋象，所以虞翻之前的易学家将其解读为夏历仲秋八月酉之象。虞翻却另起炉灶，他认为：二阳一阴构成的兑象中，表征兑象之为对象的第三爻即上爻之阴以阴居阳位，失位失正，当动变之正，所以称“正秋”。在天八卦之象中，兑象就是昭示宇宙造化阳刚生生力量的月相光明面的息显三分有二之上弦月象，二分之阳刚结为朋，此象每月初八日左右出现于丁南方位，而不出现于西方，所以不说西方之卦，与坤象先后出现于乙东方位、癸北方位而不出现于西南方因而不称西南之卦意涵思路相同。兑象又符示雨泽，雨泽给万物带来滋润，令其愉悦，即“说万物”，所以说“万物之所说”。这就解构了以往八卦卦气图式中兑气配应空间正西方位、时序夏历仲秋八月酉之说。

“乾，西北之卦也”，本谓乾是位于西北方之卦，而呼应秋冬之交之象，因而虞翻之前的易学家将其解读为夏历季秋九月戌与孟冬十月亥之象。虞翻则作出如下解读：乾阳刚正位于五爻。在天八卦之象中，乾象就是昭示宇宙造化阳刚生生力量的月相光明面的全然息显圆月之象，该象每月十五日左右傍晚时分出现于甲东方位，与即将落于西方的圆日之象遥遥相望，而当日清晨，该象则出现于西北方位，是则“晨象西北”而称“西北之卦”。就乾天坤地阴阳二气的消息所引发的十二消息历程而言，六阴之坤（䷁）息成于夏历十月亥，为夏历十月之卦，在此之前，坤阴息而消乾阳，始于夏历六月未之一阴息而消一阳，成姤象（䷫），渐次至五阴息而消五阳，成剥象（䷖），为夏历九月戌之卦，而后才是六阴全然息显消退六阳的坤象（䷁）。此一坤象位于亥西北之位，正与每月十五日左右清晨时分出现于西北方位的在天八卦乾象场位会于一，而又意味着六阳乾象的消隐入乎六阴坤象之下，阴阳激烈相迫相近而入于对方之中，所以称“阴阳相薄”。这就解构了以往八卦卦气图式中乾气配应空间西北方位、时序夏历季秋九月戌与孟冬十月亥之说。

于坎而言“正北方之卦”，本谓坎是位于正北方位之卦，呼应典范形态的纯正冬象，所以虞翻之前的易学家将其解读为夏历仲冬十一月子之象。虞翻却解读说，初阴、二阳、上阴组成的坎象，其二阳是坎之为坎的基本表征，该阳以阳居阴位，失位失正，当动变之正，所以称“正北方之卦”，与兑象因三爻之阴失位失正而称“正秋”意涵思路相同。在天八卦之象中，坎象即月之本相，晦夕朔旦，即上月最后一天的傍晚与下月初一的早晨，出现于中天戊位，其间可谓中天之卦；夜半时分，出现于正北，此际可谓正北方之卦。这就解构了以往八卦卦气图式中坎气配应空间正北方位、时序夏历仲冬十一月子之说。

“艮，东北之卦也”，本谓艮是东北方位之卦，呼应冬春之交之象，因而虞翻之前的易学家将其解读为夏历季冬十二月丑与孟春正月寅之象，冬末是上一年因阴阳二气生化流转所促成的万物生长收藏历程的终结，春初则是新的一年万物新的一轮生长收藏的开始，所以说艮符示着“万物之所成终而所成始也”。虞翻却以在天八卦之象对其予以诠释：二阴一阳组成的艮象中，艮之为艮的基本表征在于三爻即上爻之阳，此阳居于阳位，当位得正，所以称其为卦。艮象就是下弦月之象，每月二十三日左右出现于丙南方位，而作为圆月之象的乾象，每月十五日左右出现于甲东方位，作为圆月之象全然消丧的坤象，每月二十九日左右终归于癸北方位，艮象之丙南，恰处于乾象之甲东、坤象之癸北之间，是则“艮东北”。清儒惠栋《易汉学》卷三《虞仲翔易》所谓：“案仲翔之意，艮本东北之卦，而消于丙，当在南方。乾十五日也，坤三十日也，艮在中，距乾坤皆八日，甲东癸北，故云艮东北，甲癸之间。”万物成始于甲位乾天阳气之创生，成终于癸位坤地阴气之育成，是则“万物之所成终而成始”。这就解构了以往八卦卦气图式中艮气配应空间东北方位、时序夏历季冬十二月丑与孟春正月寅之说。

不难发现，由于深受月体纳甲说的影响，虞翻心目中的八卦，首要的是日月在天所成的八卦之象；他心目中的易场，最根本的是日月往来流转意义上的在天八卦易场。借此具有新建构性的八卦与易场，虞翻审视以往人们所认定的《说卦传》所述以来的八卦卦气图式与八卦卦气易场，一则正如清儒张惠言《周易虞氏义·周易说卦》所言，“注明八卦在天之列是其本也”，再则更具实质性的，后者原本时空架构意义上的内涵，显然就被解构了。虞翻由此构建起偏离主流的、异乎同时代其他学者的八卦图式与易场，并在易学史上树立起少有的解构性另类案例。解构性在此不仅意味着非建构性，而且进一步意味着对于主流之见的破坏性、否定性。只是历史上对于虞翻这种解构性诠释应和者极寡，因此主流的八卦卦气图式与八卦卦气易场并未受到动摇。

当然，虞翻的解构并不彻底。由于五世家传孟喜易学六十四卦卦气说中四正卦与四时的密切配应，主流八卦卦气图式与八卦卦气易场中四正卦震、兑、离、坎所涵摄符示的时空意涵，仍被保留了下来，构成一四时递嬗意义上的四正卦易场，并与其日月往来流转意义上的在天八卦易场对接起来。

依虞翻之见，就四正卦易场而言，震涵摄符示春，值甲乙东位，离涵摄符示夏，值丙丁南位，兑涵摄符示秋，值庚辛西位，坎涵摄符示冬，值壬癸北位。他指出，六十四卦中，唯有归妹（䷵）一卦，完整具备构成这一易场的此四正卦，是以孔子《彖传》说："归妹，天地之大义也。"归妹卦（䷵）下兑涵摄秋之象，上震符示春之象，二至四互体为离涵摄夏之象，三至五互体为坎符示冬之象。是以虞注云："震东，兑西，离南，坎北，六十四卦，此象最备四时正卦，故'天地之大义'也。"（李鼎祚《周易集解》卷十一）归妹卦完整具备天地借以造化人在其中的万物大千世界的四时之象，涵摄符示了天地造化的根本大义，所以《彖传》说"天地之大义也"。

就两个易场的对接，在虞翻看来，正因月复一月的日月升降往来呈现在天八卦之象与在天八卦易场，才引发春夏秋冬四时及其递嬗，由此又形成四时递嬗意义上的四正卦易场。经历周而复始的循环，在天八卦易场与四正卦易场两个易场方得以牢固确立，后一易场反而成了前一易场的统摄者，前一易场反而应自后一易场观之，由后一易场审视其八卦得以形成的场位。《系辞上传》"四象生八卦"虞注就说："乾、坤生春，艮、兑生夏，震、巽生秋，坎、离生冬者也。"（李鼎祚《周易集解》卷十四）在天八卦之象中，乾、坤之象生现于四正卦震春所值甲乙东位，艮、兑之象生现于离夏所值丙丁南位，震、巽之象生现于兑秋所值庚辛西位，坎、离之象生现于坎冬所值壬癸北位。张惠言《周易虞氏义·周易系辞上》准确指出："此乃言在天八卦生于四时也。'生春'犹言'生乎春'，句当为'生春者也'，通下省耳。月行至甲、乙而乾、坤象见，是'乾、坤生乎春'也。月行至丙、丁，艮、兑象见。月行至庚、辛，震、巽象见。坎、离在中，不可象。日月会于壬、癸，而坎、离象见，故生乎冬。"四正卦易场空间之位与日月往来意义上的在天八卦易场空间之位的差异矛盾，就可见文献而言，虞翻并未予以合理解决。

不难看出，依虞翻之见，日月往来意义上阴阳的对待流转，在天八卦之象的显现与在天八卦易场的形成，敞开的核心，就是三阳乾象渐次息成，继之反转渐被阴消而通往三阴坤象，再息成乾象，再消去乾象而入坤象，如此周而复始的过程。简而言之，就是往复循环的阳出显乾象，阳丧于阴而入坤象的过程。三阳本系乾象所固有，三阴本系坤象所固有，上述过程，是乾坤对待基础上出乾入坤的阴阳对待消息流转过程，《易》之易字的意涵与《易》的底蕴，首先就在于这一消息流转。这才是虞翻借助在天八卦之象与在天八卦易场诠释《坤》卦辞"西南得朋，东北丧朋"与《彖传》"西南得朋，乃与类行；东北丧朋，乃终有庆”时，凝练《易》之主旨而言“此指说易道阴阳消息之大要也”（李鼎祚《周易集解》卷十七）所表达的核心见识之所在。

（作者单位：山东大学哲学与社会发展学院）

《国学茶座》稿约

山东大学尼山学堂创办《国学茶座》的目标是“普及国学知识，发表国学新见，培育国学新人”。欢迎高层次的国学家为我们撰稿，也欢迎大学、高中教师以及大学生、研究生或国学爱好者为我们撰稿。文章内容涉及九经三传、语言文字、史传地理、政治经济、军事外交、国家民族、风俗礼制、金石图书、周秦诸子、宋明理学、天文历算、琴棋书画、花鸟服饰、建筑陈设、饮食起居、农业园艺、中医养生、宗教信仰、诗文词曲等方面者皆可。既注重知识的介绍，又注重探幽抉微，阐发新见。典籍之流传，学问之演变，人物传记，史事本末，诗文品藻，文字训释，均所提倡。总以深入浅出，娓娓道来，是所宗尚。

《国学茶座》自2013年出刊，简体汉字。稿费标准：每千字70元，特稿每千字100元。作者赠样书2册。投稿电子信箱guoxuechazuo@126.com。来稿请注明作者姓名、单位、通信地址、邮政编码、电子信箱、联系电话等。

恒之读诗记（二十一）

向 辉

摽有梅

摽有梅，其实七兮。求我庶士，迨其吉兮。
摽有梅，其实三兮。求我庶士，迨其今兮。
摽有梅，顷筐塈之。求我庶士，迨其谓之。

【毛诗序】《摽有梅》，男女及时也。召南之国，被文王之化，男女得以及时也。（《毛诗正义》卷一）

【朱子集传】南国被文王之化，女子知以贞信自守，惧其嫁不及时，而有强暴之辱也。故言梅落而在树者少，以见时过而太晚矣。求我之众士，其必有及此吉日而来者乎？（朱熹《诗集传》卷一）

一

《摽有梅》是《毛诗》第二十篇，是《召南》第九篇，题目的意思是“梅子成熟”。

《召南》第八首《殷其雷》篇，按照毛公和朱子的解说，讲述的是周家的大夫被外派，他的家人知道他工作不易，写信告诉他不用担心家里的事情。思念之情，溢于言表，千年之后仍有回响。几千年前的诗篇之所以还能打动人心，其中一个原因是它讲述的是人的故事，只要人还在这个世界生活，那么必定有心同理同的地方。

古人有一个“归哉归哉”的希望，此后另当别论。毕竟和周家人不同，周家人有家有国，他们可以“振振君子”，后人更多的是“莫敢遑处”。况且，现在也没什么人写首诗来感叹了。现实已然如是，不必多说，多说无益。念念诗，刷刷剧，或许是个不错的选择。

《殷其雷》之后，《召南》第九篇换了一个镜头，带着我们进入另一个场景，说采摘梅子的故事，不是看到梅花开，而是梅花落、梅子熟的故事。“梅”“媒”“眉”是同音字，让人比较容易从“梅”字联想到婚姻，所以前人就说这是讲述“男女婚姻及时”的诗篇。

今天的我们所理解的“梅”，似乎已经没有了和婚姻之间的那种直接关联，所以《摽有梅》篇的诗意、诗旨和诗境显得有些不知所云，需要借助翻译才能理解。那么，这一篇说的是什么意思呢？除了毛公和朱子的解释之外，还有诸如采梅劳动歌唱、古代婚恋习俗、担心青春易逝、处士乐及明时、大夫为君求贤、婚者递行六礼、嫁女伤离父母、父母为女择婿、讽刺嫁女愆期等等不同的说法。(《国风集说》)每一种说法似乎都能找出理由来，释经学也就有了它的价值。我们先用沈泽宜的新诗来翻译《摽有梅》篇，它可以这样解释：

> 梅子熟了落纷纷，树上还有七分呢，追我的男子哟，别误吉日良辰。
> 梅子熟了纷纷落，树上还有三分呢，追我的男子哟，今天就很吉庆。
> 梅子熟透全掉落，拿只浅筐拾掇呀，追我的男子哟，说走咱就走了。

看着梅子一天天掉落下来，铺满了草坪，待嫁的女孩，在焦虑中等待着来人。我们也可以用白话文来欣赏它：

> 青春是可贵的。男大当婚，女大当嫁，男女过时而不婚嫁，不是人生的常情，社会的常态。礼制的所以防范人，其作用还是在疏导人。有时还得变通办理以方便人。请听这逾龄未嫁女子内心的呼声，诗人已代她率直地表露了。(《诗经欣赏与研究》)

[经]

麋文开和裴普贤夫妇认为《摽有梅》篇所表达的是关于大龄未婚者的想法。而沈泽宜似乎并不认为这一定是大龄女青年的诗歌，最多就是想要嫁人者唱的歌儿罢了，还有可能是男女聚会时，女子哼唱的情歌。

麋文开和裴普贤夫妇说，《摽有梅》篇是超过了原本常规结婚年龄的人唱的歌，因为三十当娶、二十当嫁是古人的习俗，婚嫁必须要按照习俗规矩来，可是诗篇最后说，没有准备好求婚的礼物也要赶紧来，来说句话就行，显然是嫁不出去的大龄女青年的诉叹。

古人的婚姻观念和现代人不同，古代早婚早育很正常，现代人则要到了一定法定年龄之后再考虑。特别是接受了现代教育的人，大学毕业时的年龄已经二十出头，结婚年龄也都不会太早。这样一来，我们对《摽有梅》篇所讲述的故事，似乎难以有直观的感受。这是古今社会习俗的不同所造成的理解困难。

《诗经》的诗篇，如果其内容是描述社会习俗的话，是古代社会才有的风俗，越是涉及当时时代的东西，越不太容易为我们所理解，这是阅读诗篇中会经常遇到的问题。《召南》十四篇，和《周南》十一篇比较起来，涉及的内容更加复杂，由于古今文字和环境的差异，对我们而言，很多场景理解起来存在着巨大的想象空间。比如，梅子熟了，梅子落了，如今还有多少人知道呢？

《春秋左传》是最善于引诗讲故事的，《摽有梅》篇也在引用之列。鲁襄公八年，晋国国君派一个叫士匄（音“丐”）的人出使鲁国，“晋侯使来聘”。《左传》说，士匄就是范宣子，他是代表晋国国君到鲁国来答礼的，因为这年春天鲁襄公去晋国拜见了晋悼公，按照当时的礼节，得有回访。更重要的是，晋国准备攻打郑国，想要鲁国也出兵。鲁襄公为范宣子准备了招待宴席，在宴会上范宣子就唱了，抑或是即兴朗诵了诗篇，读的就是《摽有梅》。范宣子念完之后，鲁国的季武子就说：“我们一定准时出兵，就像春天的草木，一定是同时发芽，同时开花的。鲁国对于晋国的出兵要求是欣然接受的，随时都可以出发。”为什么范宣子念完了《摽有梅》之后，季武子会说“谁敢哉？今譬于草木，寡君在君，君之臭味也。欢以承命，何时之有”呢？那是因为诗篇的解释中谈到了“及时”。虽然《毛诗序》中用的是“男女及时”，但不管是男女，还是国家，只要按照惯例，按照约定去做了，那就是“及时”了的。

范宣子的歌没白唱。季武子也唱了首歌，是《角弓》篇。《角弓》篇中有“兄弟昏姻，无胥远矣”，毛公说诗篇的大义是父兄相刺。季武子大概是没有用毛公的这个解释，杜预解释说：“《角弓》，《诗·小雅》，取其兄弟婚姻，无相远也。”(《春秋左传正义》)从这里也可以看到，《诗经》的解说有很多种，我们的理解和古人的理解有不同，古人和古人的理解也有差异，经典的解说也各不相同。

范宣子出使鲁国是有外交目的的。因为就在这一年的夏天，郑国国君还和鲁国的季孙氏，还有晋国国君亲切会见过，但是显然，这次会见没有达到良好的效果。而范宣子的外交工作是很成功的。第二年冬天，晋国、宋国、卫国、曹国等十来个诸侯国组成了联合部队，和楚国一起攻打郑国。如果按照《左传》的解说，范宣子的外交活动成功的一个原因是他“知礼”，他一个晋国人在出使鲁国时引用了诗歌，而且似乎用得相当出色。这就是孔子所谓的“能专对”的意思吧。

那么，范宣子用《摽有梅》篇，说的是什么意思呢？晋代人杜预的解释是：“《摽有梅》，《诗·召南》。摽，落也。梅盛极则落。诗人以兴女色盛则有衰，众士求之，宜及其时。宣子欲鲁及时共讨郑，取其汲汲相赴。”(《春秋左传正义》)“宜其及时”“汲汲相赴”，都可以从《摽有梅》篇的解说中得到，既然前人有了这样的认识，左氏作为精通《诗经》的学者，顺手写出这样的故事也就合情合理了。要是我们说的话，大概得用唐诗“劝君莫惜金缕衣，劝君须惜少年时。有花堪折直须折，莫待无花空折枝”了。至于范宣子和季武子是不是在鲁国的宴会上用《诗经》一唱一和，我们只能以《左传》所讲述的故事为准了。

二

《唐诗三百首》用《金缕衣》压轴，有人说是劝人及时行乐，有人说是要珍惜青春时光，至于作者怎么想，编者怎么讲，已经无从考索了，因为作者本身就是个谜，编者也没有说为何选它压轴。江辛眉说："古籍流传，年时绵邈，火烧水转，蟫长芸消。每于传抄锓版之间，一字夺误，丛生舛午。再书而君臣易梦，三读而帝虎成乖，读书之道，不亦难乎？"（《校雠蒙拾》）江辛眉认为通过网罗旧闻、采撷善本的办法，比勘异同，厘定是非，将踳驳予以绳正，将阙失加以弥缝，我们就能学筏得航。这自然是上佳的学术研究方法，但对于一般人来说，也就多看看罢了。在众多的说辞中，能够有一个差不多的导引，也就可以了。

既然如此，"路标"的选取就非常重要。《诗经》有从毛公、郑玄到孔颖达、朱子等人的著述，就是我们进入《诗经》世界的路标。后来学者们如何讲述，也是一个路标。当然路标就是路标，路还要我们自己走下去。

顾随说，理解《诗经》的过程，就是做学问的过程。所谓学问，简单而言就是：不会就学，不懂就问；学到了，就要去做。诗篇的学问，无非就是做人的情操（personality）。如果不能这样去理解诗篇，那就是白费力气。换句话说，就是看到路标，不走，永远也到不了自己想要去的地方。

为了更清楚地说明这个问题，顾随随手拈出一个禅宗的故事。对于禅宗，文人学者都是比较熟悉的，因为故事很多，而且禅宗是真正土生土长的学问。

据说，某宗师有弟子若干，其中一位学成，准备下山。临别时，他想跟大师要一临别赠言，成为衣钵传人似乎没希望，但赠言是可以有的。

大师说："要干好事，别干坏事。"

一众弟子听到这句话，直接晕倒。这句话，就是个俗话，不像是公案话头。大师，您老人家能不能来点高深的啊，这离衣钵传人的话头差了十万八千里呢，再不济也应该来一段明镜台之类的，否则以后怎么开山立派呢？

大师接着说："三岁小孩说得好，八十老头做不来。"

那个弟子后来有没有开山立派，我们不知道，但是有句名言传下来却是事实："学佛在悟，学儒在行。三岁孩儿道得，八十老翁行不得。"

顾随《中国经典原境界》一书中讲《诗经》的部分很有意思，讲得风趣，讲得到位。他的学生把他所讲的都记录下来了，过了一个甲子之后我们还能感受到他当年讲课时的风采。这就是文字的魅力所在。

顾随讲的这段故事，可能出自宋代僧人道原的《景德传灯录》。道原和尚编写完成之后，将它进呈给真宗皇帝。真宗让翰林学士杨亿等人对它进行裁定，花了一年多时间修改完毕。真宗很喜欢这部书，让杨亿作了一篇序，有关部门刻板刷印，并且把它列入《藏经》中。这部书收录了1701人的故事，是我国历史上第一部官修的禅宗书籍，也是流传最广的一部关于禅宗历史文化的著作。

在体例方面，灯录是禅宗和尚首创的，是在原有的高僧传和语录的基础之上的综合，它记录了僧人和居士之间交往和言行，记载了禅宗和尚的传承关系，也对他们的身份信息做了比较详细的记录。因为书中多讲故事，所以看起来比较有趣。

《景德传灯录》之后出现了很多类似的书，比如《建中靖国续灯录》《天圣广灯录》《嘉泰普灯录》《五灯会元》等等。这些书对后世学者的影响比较大，很多非佛教信徒也看这些书。不是当作宗教书看，而是当作很有意思的故事书来读。《景德传灯录》的简体版本中，有两种比较方便阅读：顾宏义译注《景德传灯录译注》（上海书店出版社2010年版）和朱俊红点校本《景德传灯录》（海南出版社2011年版）。

该书卷四有鸟窠禅师的故事：唐代元和年间，白居易到杭州做太守，顺便到鸟窠禅师所在的庙宇参观。转了一圈之后，白居易对和尚说："禅师住的地方有点危险啊。"禅师回答说："太守那边更加危险。"白居易说："弟子在大都市中，是太守，住得好好的，有什么危险呢？"禅师说："薪火相交，识性不停，这还不危险吗？"白居易又问："佛法的大意是什么呢？"禅师说："不做坏事，多干好事。"白居易说："这个话，三岁小朋友都知道。"禅师说："三岁小朋友说得，八十的老人却做不来啊。"于是，白居易叹服不已，跟禅师施礼道谢。

《景德传灯录》是中土佛教最负盛名的典籍之一，各种有意思的故事都能在其中找到，有许多的话头在其中，所以宋元以来学者们很重视这部书，在讲学聊天之中经常引用它。这部书记载的大小和尚们的故事，至今仍有启发的意义，比如这则故事中鸟窠禅师的话，就是经典的语录。

很多知识，人们都知道，不仅知道，可能每个人都觉得自己知道的比别人要多，三岁孩童如此，从三十岁到八十岁的成人也是如此。可真正能把知识付诸行动的，并不多见。及时行动，从古至今，都是一个问题。或许最后只需要说一句话的事情，但是人们连这句话都懒得说了，因为大家都知道的，说什么呢？所以毛公说："《摽有梅》，男女及时也。"《经典释文》提醒我们，"男女及时也"在另外的传本中写的是"得以及时"，但陆德明认为那是错的。在做《毛诗注疏》的时候，孔颖达则用了两千来字解释及时的男女到底是怎么回事，大概意思是说农业社会里，婚姻问题极为重要，一个稳定的社会一定会对婚姻有较为成熟的约定。不过，那一套家庭婚姻的制度，在我们看来都是久远的故事，不看也罢。其实，不只是婚姻大事要及时，很多事情都是如此。比如，《周易·乾卦》有："君子进德修业，欲及于时。"《陶渊明集卷·杂诗十二首》的第一首："人生无根蒂，飘如陌上尘。分散逐风转，此已非常身。落地为兄弟，何必骨肉亲。得欢当作乐，斗酒聚比邻。盛年不重来，一日难再晨。及时当勉励，岁月不待人。"陶渊明四十七八岁写的诗，不是要劝人喝酒，而是说在什么时候做什么事情，不负此时时光罢了。《周易》和陶渊明诗篇中的及时和毛诗序中的及时，是不是一个意思呢？或许是，抑或者不是，端看读者如何理解。

我们看到，顾随所讲述的故事和《景德传灯录》中的记录并不完全一致，《景德传灯录》中说的故事，是白居易和鸟窠禅师两人讨论学术问题，也就是所谓的机锋之辩，最后白居易被大和尚折服了。讲述故事的情形就是如此，它不是文字的复制，而是只需要把故事中所要传达的意思表达出来就可以了。复制显然不是学问，学问也不是复制就能弄成的。

不论是顾随的版本，还是道原和尚的版本，要讲的都是言与行、说与做、知识与行动之间的关系，以及人们应该如何认识世界的问题。

三

读《诗经》仅以某种知识的角度去读是不够的，还需要以做人的角度去读它。前者是知识主义，后者是现实主义。脱离了现实去理解诗篇，往往会不知所谓。对此，顾随深有感触。所以，讲完禅宗故事之后，顾随说了一通道理：

吾人之好高骛远，喜新立奇，乃是引吾人向上的，要好好保持、维护，但不可不加操持；否则，小则可害身家，大足以害天下。……写华丽的诗不难，要写温柔敦厚的诗便难了。（《中国经典原境界》）

读读古书，搞点学问，是为了丰富人的生命，而不是相反。读书不是为了害人的，有些人可能真的是读书之后变坏的，但那不是书的问题，而是人的问题。当然，书也不是完全没有问题，比如我们看诗篇的时候，就会发现很多问题就是书的问题。所以顾随说："'诗三百篇'虽好，但有文字障。若要得其意，赏其美，须先打破文字障。"（《中国经典原境界》）什么是"文字障"呢？

顾随和他那个时代的人一样，认为以前的序说之类的，存在着很大的问题。顾随不太同意前人的注解，认为《诗序》之类的是有问题的，比如关于《摽有梅》篇，顾氏就认为应该这样看：

《诗序》言此诗乃"男女及时也"，殊牵强，以情理度之不合。"求我庶士"，"士"，自我也。而此篇却又不讲作求贤，是民歌，是恋歌。余以为当是男子作。若曰是女子自作则似不合；若曰是男子托言则未免无聊。（《中国经典原境界》）

简单来说，《诗序》说得有点牵强了，听多了就觉得乏味。什么事情都往伟大的道理上靠，就会让那些思考着的人感觉到压抑。因为道理终归是道理，而人生往往是自己过的。所以在顾随看来，《摽有梅》篇其实是男子的恋歌，因为我就是我，士也是我，自然是男子写的诗篇。诗人写诗不会无病呻吟，他写这首诗无非是说要自勉好好努力，争取早点娶个好媳妇回家。

顾氏认为，这一篇的"文字障"，也就是以前的"路标"如果能清除掉的话，就能理解诗篇的本义了。按照他的说法，除了《毛诗序》之外需要解释的字有三个：第一，"摽有梅"之"摽"是落的意思；第二，"顷筐塈之"的"塈"是取的意思；第三，"迨其谓之"的"谓"是会或者勤的意思。这三个字的意思，都是从《毛传》中的解释而来。也就是说，他虽然感觉到《毛诗序》不太好，但《毛传》不能废弃，它挺有用的。另外，他还参考《孟子章句》《说文解字》《玉篇》《尔雅》《诗旨纂辞》等书。读书，不明白的地方就多查一查，也许就明白了。

显然，顾氏的这个说法是比较有意思的，可它并非顾氏的原创。清人姚际恒《诗经通论》就是这样说的："此篇乃卿大夫为君求庶士之诗。"在姚际恒看来，只有男求女，不可能女求男。他的这个说法显然是迂腐不堪的，也是没有什么道理的，所以后人只是选择了其中看起来比较合理的部分使用了。

姚际恒说，他那个时代的人都知道毛公、朱子的解释是错的，他也这么看，而且只有他本人的理解才是对的。因为，"《集传》且以为女子自作。或因其太不雅，以为择婿之辞。嗟乎！天下乎地，男求乎女，此天地之大义。乃以为女求男，此求字必不可通，而且忧烦急迫至于如此，廉耻道丧，尚谓之《二南》之风，文王之化，可乎？"(《诗经通论》)看起来，姚老先生义正词严，他觉得前儒都是错的，他们的三观不正，解释诗篇肯定就错了。他还认为，欧阳修谈《诗经》就已经指出《摽有梅》通篇没有一个字谈"及时"的，所以及时不及时的根本就是有问题的。他以为的时就是具体的某个时间，比如结婚是在秋冬季节，而梅子成熟说的是春夏，时间对不上，一定有问题。

在姚际恒看来，解释诗篇最重要的是为他们这样的学者们说话，贤良俊杰，不能被埋没了，要及时成为社会的担当者，"畴咨命官"，那才是《摽有梅》的真意所在呢。可惜，当时没人懂他，姚际恒终其一生没得到什么认可，四库馆臣把他贬得一无是处，说他也就是道听途说，喜欢一些奇谈怪论罢了。世易时移，学风变化之后的学者们倒是很欣赏姚际恒的，认为他是清代《诗经》学的典范人物，是"别树一帜的《诗》家"，虽然差不多三百年后才给他一个很高的评价，看起来不怎么及时，也算是他的学问没有白做。若是当时他没及时去做学问，而是按他的设想，做了官，或许后来的学术史上也就没他什么事儿了。

在姚际恒之前，明代的大学者郝敬曾说："王道本人情。《摽梅》，人情之至也。顾其诗非必出其女之口，而当世民情有家之愿宛然。情虽切而不苟且迁就，往必待求，求必以时，文王之教也。"(《毛诗原解》)从人之常情来历史地理解诗篇才是更有道理的。在郝敬看来，《摽有梅》的解说，按照《毛诗序》《朱子集传》未必错，更难说一定是“文字障”。语言是人的语言，而人是具体时空之下的活人。时代变迁，很多话语发生变化，有些不太好理解罢了。而且，即便是把诗篇中的三个字分别弄清楚了，也不见得能明白这首诗到底在说什么。用个筐子捡拾落掉的梅子，又是在说什么呢？这与会、勤又有多大的关系呢？

所以，还不如干脆按照原来的解释，作个初步的理解，然后加以发挥，海阔天空一番之后，或许也就明白了。或者按照姚际恒老先生的办法，用当时流行、差不多是常识的话语解释一番，也是很保险的办法。或者按照顾随老先生的方式，择选前贤的说话，改成我们所能理解的语言，也是极为有效的。

如果专门讲诗篇又如何呢？如今很多老师（从大儒到小儒，从大家到小民）莫不自由地开讲，各种经典都成为他们讲述的对象。我们听他们的都来不及，何谈去读古人的解说。如果我们花上几年时间把《诗经》三百〇五篇的古代解说看一遍，虽然未必能读懂多少，但能有所得，也就是诗序或者《春秋左传》所理解的“及时”了。或许旷日持久，或许知音寥寥，但做过总是有意义的。比如，糜文开、裴普贤夫妇就花了二十年功夫把《诗经》一篇一篇地注解和研究下来，弄出了四大册的《诗经欣赏与研究》，同时还出版了好几部相关的著作。比如沈泽宜用了十八年，以新诗的方式重新翻译《诗经》。或者干脆写一个新篇章，像沈泽宜就有一篇题为《给梅的一种》的新诗，其中说道：“等过春花秋月，车水马龙/在北风呼啸，隆冬肆虐的夜晚/响亮地绽放花枝。举起/蓝天赐予的金喇叭/吹奏出/大地重光的旋律。”（《沈泽宜诗选》）诗篇以“正如你/以沧桑的微笑吸引人/亲切，但不可逼视”结束，似乎也是一种“及时”的表达。

他们这样的写作，也是当代释经学的一种方法，而且是很有必要的一种方法。他们的书记述了自己的心得体会，值得我们翻阅。不过，他们的书仍旧是一个路标，顾随的讲课记录也是一样。顾随讲《诗经》是二十世纪四十年代的事情，他似乎是花了很长时间来谈诗篇和其他的经典，所以絮絮叨叨又语重心长、引经据典又天马行空地谈了很多他自己的体会。他们那个时代的特点就是打破，不打破不足以成为好讲师。

打破什么呢？不是打破头去搞研究，而是把以前的很多解释推翻了重新来过，也就是要砸掉经典解释者的招牌。砸掉了经书及其古老的解释，又能如何？自古以来，读经的人从人口比例来说就是少数；流传下来的释经学著作虽然很多，但是大家反复看的其实没有多少。砸掉人家的招牌有什么意义呢？倒不如各开各的店面。小店也罢，超级市场也罢，都是在做生意，只要不卖假货就行。卖了假货，也撑不了多久就要关张了，根本就不用去砸他们的招牌。从常理来看，开店的人多少是有些责任心的，虽然不能说每个人都会童叟无欺，货真价实，但至少他们售卖的东西还是比较可信的；真正可怕的，是那些游走江湖的术士和骗子。他们一通胡扯，说不定还有带着一帮子信众，谁能去砸他们的招牌？人家根本就没有招牌。

四

顾随说，吾人谈诗：“各见其所见，各是其所是。所谓“诗无达诂”也。要想窥见全圆、摸得全象，正非容易。是故，见其一体即为得矣，不必说一定是什么。”(《中国经典原境界》)比如，我们可以从《摽有梅》篇看到婚姻自由。谢晋青(1893—1923)在《诗经之女性的研究》中谈到《摽有梅》篇时说：“古代男女结婚，有一定之期间，这是不差的。……可是近代底蠢老子，对于子女婚姻，却都别有肺腑，儿子倒无问题，惟有其女公子，到了三十岁不嫁人，他也不许伊自由行动一点，不知误了多少好光阴，牺牲伊多少幸福。学老先生发一句牢骚，这真是‘古道沦亡’！”(《诗经之女性的研究》)显然，诗篇的解释往往都是要据解人之时与地而展开。时与及时，从来没有远离过我们，诗篇也是如此，唯其如此，才有纷纭的诗经时刻。

的确，诗篇的理解会很多，正如市面上的大小店面很多一样。每个人只要有心得，有体会，能讲出一番道理来，大概都能开一个店铺，最不济也能弄一个小摊位。这样也能养家糊口了。问题是，当养家糊口成为问题的时候，有些人就会想方设法地看别人需要什么就提供什么，更有一些人愿意追随骗子大师的脚步，对此顾氏是深恶痛绝的。他说：“‘三百篇’之好，因其作诗，并非欲博得诗人之招牌，其作诗之用意如班氏所云之有‘其本义’及

‘不得已’，此孔子所谓‘思无邪’。后之诗人都被‘风流’害尽。‘风流’本当与‘蕴藉’（蕴藉，又作酝藉）连在一起，然后人抹杀‘蕴藉’，一味‘风流’。程子解释‘思无邪’最好，程云：‘思无邪者，诚也。’《中庸》：‘不诚无物’。‘三百篇’最是实，后来之诗人皆不实。不实则伪。既有伪人，必有伪诗。伪者也，貌似而实非。虽调平仄、用韵而无真感情。刘彦和《文心雕龙·情采篇》曰，古来人作文是‘为情而造文’，后人作文是‘为文而造情’。为文而造情，岂得称之曰真实？”（《中国经典原境界》）和顾随一样，谢晋青也坚持诗篇是表达人的情感的，他说：“诗是人间性情的自然的表现，无论什么人，只要佢是天真澜漫，性情活泼的，有了意思，自然就会写出来；所谓‘诗言志’，就是这个意义。”（《诗经之女性的研究》）

伪人和伪诗，江湖术士和卫道士，都是客观的存在，从来不会消失。然而，他们或许并不想要如此，而是因为某种时势影响，不得不如此。当然对于骗人的把戏，我们要能有分析辨别的能力。读经典就是能够让我们获得这样的识别能力，否则读经典作甚呢？读《诗经》就是不断丰富我们人生的事情。孰真孰假，亦真亦幻，我们刚开始或许根本没有办法看得明了，非有大智慧者无力为此。我们慢慢看点书，能有所得最佳，不能有所得，打发时间也未必就不行。

《诗经》是经典，诗篇中的文字被后人反复运用，《摽有梅》篇也不例外。这一篇所讲述的故事，被人用在了各种文字之中。葛兰言说：“古老的歌谣被用作新的目的，赋予新的意义，它们在宫廷中被演唱，宫廷中创作的诗歌与它们的差别甚微。当它们被搜集起来时，只是松散地编成一个集子，只有当人们用一致的原则来解释它们的时候，这个集子中的所有诗歌才会成为一个统一体。人们断言，就像现在创作的诗歌一样，所有的诗歌都起源于学者，并且所有的诗歌都具有政治道德训诫的特征。诸侯国中的廷臣们利用了诗歌规范的象征力量，当他们出于教育王侯的目的而撰写那些训辞和‘故事诗’时，他们就明确地将对歌谣的解释固定下来了。在这些集子中，他们大量引用歌谣片段，他们将歌谣与确定的历史事件联系在一起。从他们的时代开始，这部诗集本身因服务于教化的目的而以‘经’的面目出现在世人面前。诗歌的神圣特征也随之传到了对它们的解释中，这是无可挽回的，非俗世之人所能为。"(《古代中国的节庆与歌谣》)如前所述,《春秋左传》引用的《摽有梅》篇,实际上就是已经把诗篇中所谓"及时"的含义用历史故事的方式表达了一遍。

左丘明在为《春秋》作传的时候,讲了很多故事,其中大量使用了《诗经》中的典故,看起来好像春秋时代的那些贵族精英们对诗篇的使用是在行的,对诗篇大意的理解是共通的,而且正是有了这样的共识,他们才能互相交流对于时事和史实的看法。可以说不知道,但不能说自己理解不了。当然,也可能很多人其实理解不了,也不太会用,要不然左氏不会专门加上一句"君子以为知礼"的评语来表扬范宣子。

再后来,左氏的说法也有些难以理解,所以很多学者为之作注。每过一段时间,就有人重新做这样的工作。每次重新作出的解释多多少少都会有些不同。毕竟时代不同了,解释自然也会有差异。

那么,杜预认为左氏提到的《摽有梅》说的是什么呢?他认为关键是"及时"二字,就是我们今天所说的趁热打铁的意思。可是,鲁国人认为现在的时机不对,打不了铁,给唱了一段《诗经》中的《角弓》(我们后面会讲到)。

毛公也说《摽有梅》讲的就是"及时",其中也有抓住时机的意思。所谓的及时,并不一定是要立马行动,而是说办事情要在最佳的时间点做最该做的。这大概是后来大家的共识,不管是释经学家,还是文人都这样理解它。比如,南北朝时期的庾信(513—581)在给人写墓志铭就是这样用的:"夫人容范端庄,仪型淑令。六义观德,南风有夫人之诗;八卦成形,东方有少女之位。姆母习言,公宫教业,箴盥线纩,佩帨茝兰。年十有二,出适仪同拓跋竞。衣其翟服,既得宗妇之仪;乘其鱼轩,还从列国之礼。摽梅三实,无阙其时;夭桃九华,能修其政。"(《庾子山集》卷十六《周仪同松滋公拓跋竞夫人尉迟氏墓志铭》)清人注解庾信的文章时,除了把《毛诗郑笺》抄一下之外,找不到其他的说辞了。北周人接受《诗经》的解释,大概也不会远离毛公、郑玄的解说。"摽梅三实,无阙其时。夭桃九华,能修其政",分别引用了《诗经》的《摽有梅》和《桃夭》,都是在赞美女主人公的美德,这种美德沟通天人和鬼神。

从杜预和庾信的理解来看,《摽有梅》既可以用在国之大事上,也可以用在女性婚娶之时。《诗经》的这些诗篇，关键在于用。能用的，就继续用；不能用的，就被丢弃了。诚如顾随所说："佛经说'万法归一'，万法完成而有真美善。然未归一之前仍是万法，如入海之前，江、淮、河、汉，各自存在。怎样作法要用你自己心的天平去衡量。……此正所谓'文无定法、文成而法立'。"（《中国经典原境界》）《诗经》的诗篇虽然看起来很多，三百〇五篇，解释起来要花很多功夫，但是对于我们来说，最重要的是能慢慢去体会到其中某些东西，这种体会是需要用心去做的。要不然，看看热闹，也是一个不错的办法。

总之，对于诗篇的理解，自古及今，有着很多的不同的解释的思路，正是这些构成了释经学的内容，它们就如江河之水，取之不尽，用之不竭。"摽有梅，顷筐塈之"，如果我们按照顾随所说的，不会就学，不懂就问，那么读《诗经》或许也是一个比较有意思的事情。当然，《诗经》的篇章，如何解说，可以用破的方式，也可以用立的办法。但无论如何路标都是需要的。

末了，乱曰：

时兮时兮，梅子熟。三分七分，孰为真？
时兮时兮，梅子落。七分三分，数不清。
时兮时兮，摽有梅。一筐两筐，有事忙。

（作者单位：国家图书馆）

韩琦的还乡路：哀号与荣归（上）

杜勇涛

传统史书上的韩琦（1008—1075）是功德圆满的敦厚长者。《宋史·韩琦传》重笔描述了他作为朝廷重臣的两大功业：一是三十多岁时作为统辖数州的军政长官（秦凤经略安抚招讨使）在今天陕西宁夏一带与西夏交界的地区备边，基本保证了边境的平安；二是五十多岁时作为当朝宰相辅立英宗神宗两代新君。前者为韩琦赢得了“天下名”：当时范仲淹作为环庆路经略安抚使也统帅数州在西北备边，与韩琦政见相合又曾同为陕西四路沿边都总管，颇能共事。《宋史》说两人同在军中，“名重一时，人心归之，朝廷倚以为重，故天下称为‘韩范’”。后者则是他后来得享旷世殊荣的主要原因。韩琦生前三次以节度使的身份知相州。节度使的头衔在宋代本来就是给朝廷重臣的荣誉称号，韩琦担任地方大员而不回避本籍也是破例；二者叠加，即所谓“持节掌乡郡”，可见朝廷对韩琦的特殊信任。熙宁八年（1075）他在相州任上去世时，28岁的神宗皇帝为之辍朝三日，恸哭一场，然后亲书墓碑“两朝顾命定策元勋”，并下令从此永远让韩琦子孙中一人在相州做官，为韩琦守陵。

对于韩琦的道德人品，素重褒贬的传统史书自然大书特书。《宋史》说他

> 识量英伟，临事喜愠不见于色，论者以重厚比周勃，政事比姚崇。其为学士临边，年甫三十，天下已称为韩公。

范仲淹比韩琦大19岁，并且名气更大，但是也尊称其为“韩公”（见范仲

淹《阅古堂诗》）。可见韩琦的厚重老成实非常人所比。但是比性格更令人敬畏的是其勇气和修养。韩琦一生两次定策立君，这在当时其实是主动卷入了宫廷政治中最危险的事务。有人曾经提醒过他，说“万一蹉跌，岂惟身不自保，恐家无处所”。但是韩琦作为宰相，处在皇帝衰病、储君未立的情况下，认为自己应担起“立新君”“安社稷”的责任，所以叹道：

> 人臣尽力事君，死生以之。至于成败，天也，岂可豫忧其不济，遂辍不为哉？

类似这样虽然危险、但因其不得不为而为之的事情，在韩琦一生中实是常有。比如熙宁初年他力辞相位离开朝廷，本是退休林下的开始，而彼时朝中继任宰相的王安石则深得宋神宗信任，君臣相见恨晚，正要轰轰烈烈地进行改革。此时的韩琦作为前一任宰相，自然最忌讳直接批评王安石的变法措施。但是因为王安石推崇的青苗法扰民太甚，一向老成持重的韩琦最终还是直接上疏神宗，痛陈其弊。好在神宗是个明白人，又敬重韩琦，所以很高兴地拿着奏折对周围人说“琦真忠臣，虽在外，不忘王室”。

为皇帝喜欢的当然是这种“尽力事君”的忠心，但于韩琦而言，“事君”之外恐怕还有如孟子所说的“自反而缩，虽千万人，吾往也”那样的自觉和自律。《续资治通鉴长编》（卷二二七）记载韩琦去世前夕主政相州时与河北西路转运判官李稷的一件事：相州州署有东西两门，东门供知州自己出入，西门供访客出入。李稷来访因为门子未开东门而大怒，把门子拉到自己衙门痛打一顿。后来听说韩琦正在跟朋友吃饭，故意当即拜访。韩琦知道了，赶紧撤掉饭食屏退客人，换上官服迎接。韩琦以宰相之尊，对于一个跋扈的地方官也待之以礼。这种对上级和下级的一致性，显然只能用士大夫道德修养中的“持敬”来解释。再用宋史本传上的话，就是他“天资朴忠，折节下士，无贵贱，礼之如一”。总之，就个人品格而言，韩琦具备尽乎完美的君子之风。这样的一个“完人”，在日后安阳地方意识的建构过程中被树为乡贤的典型，自然也在情理之中。

现代史学不再直接以维护正统的社会秩序或道德秩序为己任，而是致力于提供实证性的历史知识。这就不可避免地导致现代史家在问题和视角上的多样化。尽管韩琦研究并非显学，但已经发表的论著已涉及社会生活，家族婚姻，宫廷政治等许多方面，汇集了职业学者和地方文史爱好者的共同努力。其中最引人注目的课题当属对韩琦家族的研究。这一方面是由于韩家自韩琦以来三代（子忠颜、曾孙佗胄）为相的显赫，另一方面也因为韩家通过联姻建立起来的巨大无比的关系网。台湾中研院的陶晋生先生对此进行过比较细致的梳理：韩琦子辈和孙辈的婚姻不但联结了如王曾、吕夷简、文彦博、吴充这样的宰相之家、像范仲淹这样的名士、像李清臣这样被韩琦赏识的后起之秀，而且因韩琦幼子嘉颜娶了宋神宗的女儿唐国长公主而和帝王之家联系在一起（陶晋生《北宋士族》）。韩琦自己的婚姻则生动地体现了“唐宋转型”时期士大夫阶层内在性格的变化：韩琦的夫人姓崔，正是唐初让皇族都嫉妒的士家大族“崔卢李郑”之一的清河崔氏。崔夫人的父亲崔立曾在相州为官，欣赏尚未出道的韩琦，就把女儿嫁给了他。而崔立之所以选择家世并不显赫的韩琦，显然在很大程度上是受到宋代功名不由门第、转由科举这样的深刻变局的影响。

韩琦家族的通婚结构同时也揭示了这个士大夫家族在“全国”和“地方”两个舞台之间的微妙处境，和韩琦作为历史人物在“乡绅地方主义”兴起过程中的过渡性。陶晋生罗列了可知的韩氏婚家和姻家的籍贯，如下表（稍经改动）：

表1　韩琦家族通婚地域

婚姻家	籍贯	婚姻家	籍贯
张诜	浦城	李清臣	安阳
范仲淹	苏州吴县	孙固	郑州管城
李崧	深州饶阳	吕夷简	寿州
陈士元	开封	文彦博	汾州
王曾	青州益都	陈荐	沙河
刘安世	大名	贾昌符	真定获鹿迁开封
王居正	河东	吴充	建州浦城

上表显示，已知的韩氏通婚对象大多数是外府人家，也有个别安阳本地人。但是因为韩琦是幼子，在他36岁时，上面的五个哥哥就已经全部去世，留下“一门百口”都由他照管，韩琦自己曾经哀叹当时的情况是“诸孤满目”(韩琦《安阳集》卷四六)。后来陈荐作《韩琦墓志》也说到韩琦生前就已经“嫁中外孤女十余人”。所以这些已知的婚姻状况应该只占韩琦家族婚姻总数的一小部分，且很可能是因为通婚对象背景显赫而显得比较重要，因而留下记录的一部分。那么未被记录的通婚对象则更有可能是来自安阳本地的、同表中所列全国舞台上的名门望族相比不太显赫的家族。所以应该说韩琦家族的联姻对象既面向全国，但也包括了不少的本地人家。上层士大夫的通婚圈在唐代以全国为范围，但宋代以后变成立足于乡郡的地方性婚姻圈，并且构成士大夫“乡绅”属性的重要因素。所以韩琦家族中人的通婚对象的兼顾全国和本地的通婚圈，极有可能就是北宋时期士大夫由“朝臣”向“乡绅”过渡的一个体现。

本文的目的，就是在前述传统史学叙事和现代史学研究的基础上，探究韩琦身上所体现出来的、正在形成中的“乡绅”一面。“乡绅”这个词出现于明末，在当下的史学论述中也多用来描述明清及以后的地方精英人物。如果把它和韩琦放在一起令人感到多少有些奇怪，那换个说法就是我们将考察韩琦这个人和相州或者说安阳这个地方如何共存。关于人和地的共存关系，二十世纪德国哲学家海德格尔曾借用一句德文诗进行过深刻的描述：

> 充满劳绩，人在大地上诗意地栖居
> Voll Verdienst, doch dichterlisch, wohnet
> Der Mensch auf dieser Erde

海德格尔认为人的本质，就其作为向死而生者和天地间的匆匆过客而言，是其栖居性；栖居的本质，则是天地人神的和平共处。显然，栖居首先是一种心态。用海德格尔自己的话讲，就是“对地的守护，对天的接受，对神的等待，对人的陪伴”(die Erde zu retten, den Himmel zu empfangen，die

Göttlichen zu erwarten, die Sterblich zu geleiten）。而栖居的心态成为可能，则必须经由诗。其原因是人在“诗”的状态下才会“测度自己（sich messen）”，即从日常的考量中跳出来而以天地与诸神的视角思考自己的本质。有栖居的心态，才会有“营造（Bauen）”，并通过营造从广漠的空间里开出具体的、熟悉的、容许天地人神和平共处的“地点”（Orte）（Heidegger, *Vorträge und Aufsätze*）。这里的“诗”和“营造”都是从最广泛的意义上来讲的。前者不仅是押韵的文字，后者也不仅是建筑和建筑物。所以我们不妨分别理解为“诗情画意”的“诗”，和“营造气氛”的“营造”。但是海德格尔的意思是清楚的，即人在地上的生存，当从“诗”的角度去理解，也必须以“诗”的态度才能承受；而“诗意地栖居”也必伴随有苦心经营而成的、像家一样能够带来平安的“地点”。

研究宋代的中国历史当然不必看海德格尔。但是如果我们想理解前辈的安阳人如何安身立命，则存在主义哲学在人的生存问题上的洞见就不无关联。关于诗和人的本质，欧阳修不也说过“诗穷而后工”吗？那个苦心经营而成的、让天地人神和平共处的“地点”，不正如中文所说的“故乡”吗？余英时先生有一次谈到“故乡”的意义时说道，对于从前的士大夫来说这就是生于斯、长于斯、“退休了回到那个地方去，死在那里”的那个地方。这和海德格尔所说的向死而生的人在地上的栖居之处，何其相似！

所以海德格尔对于我们的启发在于其提供了一个“诗意栖居”的视角，即考察韩琦作为一个向死而生的人如何面对和处理他自己人生当中的“故乡”问题。所幸韩琦一生既爱写诗，又爱营造。他生前手定《安阳集》，收录毕生诗文五十卷，其中诗就占了二十卷。而今天能够让人想起韩琦的，不管在安阳还是在别处，则当首推他在世时营居造园所留下的遗迹（比如安阳的昼锦堂）。也许在这些具体的吟咏和营造背后，正隐藏着一个向死而生的人对诗意栖居的渴求。韩琦在人生的最后二十年，包括他在朝为相的十年中，念念不忘的其实只有还乡一件事。到了其人生最后的五六年间，当他跟朝廷早已约定的回乡计划因为意外情况被再次搁置时，他是用了对宋神宗泣血哀求的方式争取回到安阳去。这个过程中的韩琦，恐怕远非“昼锦”“荣归”这些常被世人挂在嘴边的词所能涵盖，反而更让人想起海德格尔的论断，“诗人的天职是还乡”（Heidegger, *Existence and Bing*）。回到历史中来，因为人和地都只在时间里生灭变化，下面在着重考察韩琦回归安阳的漫长过程之前，先以北宋中期为背景考察二者的时代设定。

北宋中期的韩琦和安阳

韩琦出生在北宋开国后五十年左右，去世的时候离北宋灭亡也是大约五十年，可以说是名副其实的北宋中期人。而他的职业生涯所跨越的将近五十年的时间（从1027年20岁中进士到1075年67岁死在相州任上）则正好处在西历11世纪中期，这个被《剑桥中国史》称为“整个中国历史上数一数二的在思想和制度方面都最有想象力和创造性的时期”（*Cambridge History of China*, vol.5 pt.2）。要验证这个说法，只需看韩琦一生交往的同僚和朋友即可：稍长的有范仲淹，同辈的有文彦博、欧阳修和富弼，稍晚的有司马光和王安石，再晚一点的有苏轼。把这个朋友圈稍微扩展一下：文彦博、富弼和司马光在王安石当政时闲居洛阳，经常与之雅集唱和的有邵雍和程颢、程颐兄弟；欧阳修作为文坛领袖，提携过的后辈门生除了苏轼还有苏辙和曾巩；提到苏轼、苏辙兄弟，当然也让人想到苏洵。有了这些名字（以及同时期的其他人），11世纪中期在中国文学史和思想史上无疑是光华万丈的时代。此外这批人在制度创新上的成就也毫不逊色。有些在此前和此后都无足轻重的制度，如大臣“集议”和谏官“封驳”，在他们的手中被运用得风生水起，真正实现了士大夫参政议政的宗旨，甚至接近了对君权的限制；而某些他们所开创的制度，如以“敬宗收族”为导向的，包括祭祖、族谱、族产等具体内容，最终帮助士大夫阶层在地方社会确立了领导地位的宗族制度，并经由后人的完善和整理一直延续到20世纪。

宋代以后的学者常论到宋代在整个中国历史上有如“文明再造”一样的开创之功。明代陈邦瞻曾说道：“今国家之制，民间之俗，官司之所行，儒者之所守，有一不与宋近者乎？”（《宋史纪事本末》附录一）近代的严复也说过：“若研究人心政俗之变，则赵宋一代历史，最宜究心。中国所以成于今日现象者，为善为恶，姑不具论，而为宋人之所造就，什八九可断言也。”（《与熊纯如书》之五二）日本著名汉学家内藤湖南将明清中国的种种制度观念都溯源到宋代，并形象地把中国的宋代比作欧洲的文艺复兴。这里所说的种种创制，其中最重要者，如理学作为最基本的知识体系和价值观念、宗族作为除国家之外最重要的制度，其实都在11世纪中期发其端。而所有这些创制的社会基础，则是以科举为晋身之阶的新型士大夫阶层的兴起。

科举虽然肇始于隋唐，但是到了宋代才开始真正成为选拔官员的最重要手段。而科举出身的士大夫作为一个阶层，也是在宋代文臣治国的大气候下，开始成为整个社会的中流砥柱。宋代思想史和文化史的研究向我们展示了这个新兴的士大夫阶层在其兴起之初有一种开天辟地的气度和罕见的理性精神。由二程兄弟及其同道者发端的理学，其目的就是重新釐定关于自然与社会的全部知识，寻求适合于“天下”的普遍真理，并且最终也确实提供了一个能够解释一切的理论。（葛兆光《中国思想史》第二卷）自秦汉以来延续不绝的许多带有神秘主义色彩的政治信仰和行为，在宋代士大夫这里也都经受了理性的审查。比如以“五行代替、相承不绝”的说法为基础的“五德始终”说，就被欧阳修提倡的正统论取代。前者借助玄想确立王朝正统，而后者则以道德批判为准则。欧阳修提出的“居天下之正，合天下于一，斯正统矣”的原则，将王朝的更迭由“奉天承运”的政治神话变成了“居天下之正”的政治伦理问题。此外，类似迷信的谶纬、过分强调象征意义而接近神话的封禅和传国玉玺等，都在宋代士大夫这里开始遭到清算。关于封禅，范祖禹（1041—1098）说道：“（封禅）实自秦始，古无有也。且三代不封禅而王，秦封禅而亡，人主不法三代而法秦，以为太平盛事，亦已谬矣。”胡寅（1098—1156）则直接打破了传国玉玺神话：“使秦善也，而玺无所本，固不当法；使秦不善也，而玺虽美，击而破之为宜，又何足传也。”（刘浦江《五德始终说之终结》）这种清明的理性我们在韩琦和他身边的人身上也能看到。他的岳父崔立就是一例。宋真宗去泰山封禅的时候，有些喜爱逢迎上级的官员争着“上符瑞，献赞颂”，但崔立冷眼旁观道：“水发徐州，旱连江、淮，无为烈风，金陵火，天所以警骄惰、戒淫泆也，区区符瑞，尚何足为治道言哉？”（《宋史》卷四二六）另外一个典型的例子是韩琦的侄女婿李清臣，也是安阳人。英宗治平二年李清臣参加殿试，英宗的问题是：自从登基以来，天地间总有异象出现，怎么办才能让上天高兴呢？李清臣直接答道对这种于天人感应的事情“清臣不能知”，但紧接着便说道：“民间得无疾痛不乐可上者乎？”并接下来阐述了一个具体可行的办法，即“善止天地之异者，不止其异，止民之疾痛不乐者而已”（《续资治通鉴长编》卷二〇六）。

对于我们理解韩琦最关键的一点，是当时的时代背景下新兴士大夫阶层在政治上的崛起。这个过程经过了宋初几十年的周折翻覆，到了真宗朝渐趋完成。彼时的士大夫已经显露出对国家社稷的责任感，而非仅仅对皇帝的俯首听命。比如真宗驾崩之后，仁宗幼主继位，刘太后临朝称制。刘太后虽然政治谋略堪比武则天，也有心像武则天一样让“英贤尽为之用”，但却因为文官体系效忠赵宋而最终作罢。（邓小南《祖宗之法》）到了仁宗朝，士大夫阶层以天下为己任的气魄则已成喷薄之势。1034年，刘太后崩。27岁的欧阳修写信给刚刚官拜司谏的范仲淹，希望他在官微任重的新职位上有所作为：

> 谏官虽卑，与宰相等。天子曰不可，宰相曰可；天子曰然，宰相曰不然；坐乎庙堂之上，与天子相可否者，宰相也。天子曰是，谏官曰非；天子曰必行，谏官曰必不可行；立于殿陛之前，与天子争是非者，谏官也。宰相尊，行其道；谏官卑，行其言；言行，道亦行也。九卿百司郡县之吏，守一职者，任一职之责；宰相谏官，系天下之事，亦任天下之责。然宰相九卿而下，失职者，受责于有司。谏官之失职也，取讥于君子，有司之法，行乎一时；君子之讥，著之简册而昭明，垂之百世而不泯，甚可惧也！夫七品之官，任天下之责，惧百世之讥，岂不重耶！

欧阳修在这里用气贯长虹的文字表达出的不让天子、不谋禄位、唯以天下为怀的气概，正可视为这个新兴的士大夫阶层在即将步入政治舞台中心时的精神写照。十二年后，名满天下的范仲淹在经历了政治生涯的跌宕起伏之后，终于写出了士大夫阶层最雄壮的人格宣言：“先天下之忧而忧，后天下之乐而乐。”

韩琦就是在这样的氛围中开始了他的仕宦生涯。他的诗文比不上范仲淹和欧阳修，但政治上的豪迈和担当却毫不逊色，而临危决断时的胆气和谋略则又有过之。他三十三岁时举荐范仲淹守延州，因为考虑到有人会以朋党之嫌攻之，在上奏时即说愿以身家性命担保。（杨希闵《韩忠献公年谱》）后来因仁宗无嗣，韩琦作为宰相辅立英宗的过程更是险象环生。他先是把立储的事严正提出，等仁宗同意选择宗室子弟立储后则立刻回避具体人选问题，而当仁宗提到英宗名字时又当即表示赞同。整个过程可谓缓急有度、举重若轻。根据在韩琦幕府掌机要多年的强至所作《韩魏公遗事》记载，仁宗驾崩时在场服侍的几位执政大臣下令诏太子（即英宗）进宫。太子未到时，忽然仁宗的手动了一下。众辅臣都惊愕不已，有人甚至提议拦住太子勿让进宫。只有韩琦不为所动，说道“先帝复生，乃一太上皇”，并且命人急催太子火速进宫。后来众人都服他“达权知机”。英宗继位之初皇太后垂帘听政，但二人关系不太好。有一次太后拿到了英宗发牢骚的歌词文字，就让太监拿着证据直接找宰相告状。韩琦接过证据，对着太监当场烧掉，并令其复奏：“太后每说官家（即皇帝）心神未宁，则语言举动不中节，何足怪也？”（《续资治通鉴长编》卷一九九）但后来韩琦又私下里分别找太后和英宗协调两人的关系，最终使得权力移交的危险阶段得以平稳渡过。

从这些事件中不难看出，在朝为官的韩琦不光敢于担当，而且有一种游刃有余的自信，到了晚年尤其如此。但这又和单纯的政客弄权不同。范仲淹欧阳修身上的书生气韩琦也具备。庆历新政时韩琦、范仲淹同时在朝执政，经常在朝堂之上争得面红耳赤，却丝毫不伤和气。应该说韩琦在书生意气的基础上又多一层政治上的老练，所以难怪欧阳修后来感叹：“累百欧阳修，不足望韩公。”（强至《韩魏公遗事》）这种以天下为己任的浩然之气在熙宁元年韩琦最后一次坚辞相位离开朝廷时尤为明显。神宗征询他谁可继任，并且特意问到王安石如何。王安石早年曾在韩琦幕府任职，算是韩琦的老部下。韩琦明确答复说王当翰林学士有余，但是不能当宰相。神宗被浇了一盆冷水，于是不说话。后来有人问韩琦如何看出王安石不合适当宰相，韩琦对曰："尝一读金陵（即王安石）《答杨忱书》，窥其心术，只为一身，不为天下，以此知非宰相器。"（强至《韩魏公遗事》）

士大夫这种身任天下的自觉也可以解释几年之后文彦博对神宗所说的皇帝"与士大夫治天下"的名言。熙宁四年（1071），王安石变法刚刚开始不久，但已经令百姓怨声载道。朝堂之上神宗君臣进行了一场面议。枢密使文彦博代表保守派批评变法，认为：

祖宗法制具在，不须更张以失人心。

神宗问道：

更张法制，于士大夫诚多不悦，然于百姓何所不便？

文彦博答道：

为与士大夫治天下，非与百姓治天下也。

对话中的"与"字，在当时兼有如同现代汉语里"同"或者"为"的两种意思。但不管采取哪种读法，文彦博的意思都是说王朝的统治基础是士大夫而不是普通百姓。余英时先生曾经指出，此处的士大夫特指包括朝廷和各级政府在内的负责全国政事的官员。因为他们以科举取得治天下的资格，可以是从百姓中来，所以不能把他们和"百姓"看作两个对立的阶级。（余英时《朱熹的历史世界》）这就是为什么文彦博讲这句话时能够理直气壮地脱口而出：他眼里的士大夫是身任天下的君子，代表整体利益，而非与民争利的特殊利益集团。

11世纪中期士大夫的实际处境和他们自身的自信与自觉大体相称。首先是朝廷的优容。虽然所谓太祖立誓刻碑"不杀大臣"未必实有其事，但从真宗朝开始士大夫因为政治问题被杀的事情确实很少（南宋初岳飞一案格外震动，也正是因为其罕见）。官员，尤其是高级官员的待遇，非常优厚。宰相月俸据现代史家研究能达到三百贯。难怪韩琦晚年自叹“日俸万钱”，不勤政对不起朝廷。若以王安石变法之前的米价每石七八百钱算，完全可以有优裕的生活。《韩魏公家传》说他每月“俸禄之入，月未终而已竭”，则全是因为轻财好施。

其次是政治文化。宋代皇帝们总体来说比较尊重士大夫，所以君臣关系比较融洽。士大夫愿意辅佐皇帝建设“直追三代”的理想社会，皇帝也多有成为明君的抱负。所谓“至君尧舜”，成了士大夫和皇帝共同的理想。在这种情况下，皇帝变得更容易听取士大夫建议。尤其到仁宗朝以后，士大夫的参政议政的水平达到以后各朝各代难以企及甚至难以想象的高度。有人曾经建议仁宗乾纲独断，仁宗对道：

> 此固是，然措置天下事，正不欲自朕出。若自朕出，皆是则可；如有不是，难以更改，不如付之公议，令宰相行之。行之而天下以为不便，则台谏得言其失，于是改之为易矣。（杨时《龟山集》卷十二《语录二》）

仁宗对“公议”的重视当然正切合了士大夫以天下为己任的抱负，也会更激励他们参政的决心。到了英宗初年，大臣议政可以说已经接近了对皇权形成限制的地步。在处理自己生父的礼制名号问题上，英宗准备不顾大臣反对乾纲独断一下，结果司马光竟以少数服从多数的理由谏止：

> 圣人举事，与众同欲，故能下协人心，上顺天意。洪范曰：“三人占，从二人言。”盖国有大疑，则决之于众，自上世而然矣。（《续资治通鉴长编》卷二〇五）

这也许是“公议”的力量在近代以前对皇权限制所能达到的极限。有了这样的氛围，几年之后文彦博能够在朝堂之上和宋神宗辩论，并提醒宋神宗与士大夫共治天下的现实，也就不奇怪了。但是士大夫阶层在11世纪中期所展现的政治上的影响力，并没有制度上的保障。归根到底，权力还在皇帝手里，只是由于各种社会和政治条件的因缘际会，在这几十年的时间里的皇权的掌握者更愿意倾听大臣的意见，从而形成了一个政治文化上的“小气候”。但是也正因如此，我们可以说韩琦生活的时代对于士大夫阶层来说，是绝无仅有的最好时代。从下文韩琦写给宋神宗的奏议和后者的批复中我们也可以看到，这个时代的士大夫跟皇帝交流，竟可以像普通人之间那样动之以情、晓之以理。

跟现代人不同，宋代士大夫在政治上的自信和思想上的理性并没有导致他们在人生观上的傲慢和对待环境的粗暴。相反，从现有的史料里我们能看到一个天地人神怡然共处的情景。首先，人对于土地有敬畏。近人尚秉和曾讲到“六朝以迄唐宋，社日之盛况仍与周秦两汉同”（尚秉和《历代社会风俗事务考》卷十六）。“社”就是土地神，“社日”就是祭拜土地神的日子。社祭在宋代的普遍，在宋词里也多有印证，比如我们耳熟能详的“燕子来时新社，梨花落后清明”（晏殊），“老幼扶携收麦社，乌鸢翔舞赛神村，道逢醉叟卧黄昏”（苏轼），等等。其次，在政治哲学上对迷信和神话的清算并未导致对鬼神的彻底否定。日常生活中鬼神仍然无处不在，活人和死人、人界和鬼界之间的交流时时发生，僧道仙狐奇异之事也是随处可见。这些在宋代洪迈的笔记《夷坚志》里有大量记载。其中两则直接提到安阳：一则说安阳人王审言在潞州（今山西长治）当官，春天来时和同僚几人到一座公廨后园饮酒射箭为乐。唐末被冤杀的将军贺兰鎣因为骸骨未收，在此园当了几百年厉鬼。因为寂寞难耐，就跟王审言等人搭讪，并一起饮酒射箭。酒酣之后，几个官员想预知前程，贺兰鎣一一告知，但最后说道，论长寿谁都比不过王审言。后来王审言果然活到七十五岁，他的侄孙王公明把这件事告诉了洪迈。另一则说相州有人家为新亡的家人设斋祈福，不管僧道乞丐，只要随意诵经一卷，就可就食。有一个道士只诵了一声经就坐下吃饭，被众人讥笑。道士镇定自若道：“苟有益死者，奚用多为。”吃完饭站起来就走，但是众人碗底上立刻都出现了大红的“青城丈人”刻字，刀削不掉。借用一个马克斯·韦伯的概念，宋人生活在一个尚未完全“祛魅”（disenchantment）的世界里。人和土地之间远不是开发利用和被开发利用的关系，而是更有一些相互之间的欣赏和惊奇。

前述苏轼诗中所写的“乌鸢翔舞赛神村”这样的美景，和“道逢醉叟卧黄昏”这样的奇遇，就是作者任徐州太守期间出城谢雨时所经历。这种经历恐怕只有这个祛魅未尽的世界里才有吧！

与此略带魔幻色彩的一面相类似但略有不同，北宋各地渐兴的宗族制度，尤其是其中族葬习俗，则更指向人地关系里厚重深刻的一面。死去的亲人需要祭祀，所以也是鬼神之属。但是对亲人的葬和祭连带着太多的伦理责任，远非一般的鬼神祭祀能比，而从北宋开始的族葬风俗对于士大夫来说，更在对家人的担当之外又增加了对族人的担当。这种担当的后果，除了更强的合族认同之外，更有对祖籍地（也就是祖宗葬地）的难以割舍的归属感。所以韩琦勘定族墓并把韩氏亡人一一入葬的辛劳，和他与子侄立约“慎勿葬他所”并且发誓对违约者“鬼得而诛汝”，其实都是同一个过程的不同侧面，即人通过族葬在祖籍地上生根。用韩琦自己的话说，就是“得从祖考游，魂魄自宁处”（韩琦《安阳集》）。宋代古文运动的先驱者柳开（948—1001）出自离安阳不到百里的河北大名府，也笃信族葬之义，并曾因家中族葬未定，多次上奏朝廷请求改派到大名附近为官，以便谋葬。宋太宗后来果真允了此事，将柳开调至邢州（今邢台）。第二年柳开就请假回家，“葬尊幼二十三丧”，并且一一亲自书写墓志铭。（张景《柳公行状》）可以想见，柳开对于大名，和韩琦对于安阳一样，有不可动摇的认同感和归属感。实际上柳开和大名的很多乡贤前辈之间也确实情义笃厚。（柳开《柳开集》）

在这种“天地人神”共处的心态之上，韩琦时代的安阳这个地方，因为历史的和自然的原因，也为其士大夫增添些特有的自信与豪壮。相州在北宋属于河北路。所以北宋末期相州人岳飞在南渡后终其一生都以“河朔（即河北）岳飞”自称。而“河北”二字对于相州或者说安阳来说则不仅是地理上的名实相符，也意味着一种独特的历史和风俗。在北宋建立之前的二百多年里，即从唐中叶安史之乱以来，河北地区一直都是被割据一方的藩镇所控制。其中最强的则是以大名（魏州）为中心并占据相、澶、卫、博、贝等六州的魏博节度使。割据当然需要有经济基础，即人口和农业。唐代开元盛世时河北道户数是京畿所在关内道的两倍，而魏博地区的户数，则跟位居天下之重的京兆府大体相当。五代时后晋高祖石敬瑭也曾感叹“邺都繁富，为天下之冠”。石敬瑭曾为邺都留守，他的观察，当非无稽之谈。直到北宋末，赵鼎臣作《邺都赋》时仍对这里的自然资源、农业、贸易展叹不已：

厥赋上上，土厚水深。穜稑蔽野，桑麻耀林。顷必万秉，亩皆百金。错轮毂于涂中，资菽粟与缣纴。

赵鼎臣出身于韦城县（今河南滑县一带），距相州咫尺之遥，成年后曾“往来大名、真定间”，对河北和相州都应该有充分的生活经验。他的这些印象之言虽然没有具体数字，却仍可以帮助我们想象一个物产丰富、日用充足的殷实所在。

至于这里的民风，则因为军事割据的历史而形成武劲的特点。割据地区内的主导政治力量是以所谓“牙军”将校为主体的职业军人，素以强悍著称。后来干脆连镇将也多出自本地职业军人之中。诗人杜牧（803—852）分析当时的政治形势时就说到河北地区是“恃强不循理”（杜牧《罪言》）。到了五代时期，政治中心东移到开封，与首都隔河相望的魏博地区更显重要，多由最亲信的将领镇守。后晋石敬瑭甚至是亲自坐镇邺都。而职业军人在该地区的势力则一如既往。后汉郭威担任邺都留守时碰上了政治危机，挥兵进京，后来在将校拥戴下黄袍加身，成了后周太祖。按照台湾“中央研究院”毛汉光教授的说法，这是前承魏博军士拥立主帅的传统，后开宋太祖赵匡胤黄袍加身的先河。（毛汉光《魏博二百年史论》）

宋代实行“偃武修文”的政策，职业军人的势力渐消。但是历史积淀而成的武劲之风作为一地风俗却不可能挥之即去。所以大名、相州等地的士大夫多有粗豪之气，较少文弱之风。柳开就是一个典型。史载柳开读书只求大意，不屑于注疏。为人“神貌奇伟，尚气自信，不顾小谨。凡所结交，皆求豪杰有出于人者，视龌龊俗儒辈不与言”（柳开《河东集》卷一六）。专门结交豪杰，对酸文人连话都懒得说，这确实是江湖好汉的风格。柳开有时行事会粗豪到野蛮的地步。《宋稗类钞》说他有一次赶考路上见恶仆欺主，就找到主人请借该仆一用。第二天专门请主人和其他朋友吃饭，饭后主人问家仆何在，柳开答曰“适共食者乃其肉也”。这就更像是水泊梁山的草寇作风了。也许梁山好汉和柳开都继承了河北地区的武劲之风，也未可知。但是晚于柳开又推崇柳开的韩琦，能够以文臣将兵并且临危不惧，其英雄气概显然由来有自。

相州和整个河北地区在北宋期间文教渐兴的大趋势不可否认。比如宋太祖年间的彰德军节度使韩重赟就是武人出身，是赵匡胤的结义兄弟。此人在相州横行霸道，导致怨声载道。但后来的知州多是文臣，武人跋扈的现象基本消失了。韩琦本人在这个文武消长过程中也起过很积极的推动作为。庆历新政时朝廷令各地都要建儒学，数年后韩琦知定州，发现仍未落实，于是立刻扩建孔庙，即庙建学，并专门为此作文，批判前任官员“用武之地学非吾事”的思路。（韩琦《安阳集》卷二一）但是文教之兴未必对河北人入仕造成不利局面。整个北宋期间朝廷在科举政策上对河北地区多有特别照顾。比如河北考生解额的比例就比南方地区低很多。欧阳修在治平元年（1064）的一份奏议中提到，东南州军取解（即录送京城参加全国级别的考试）是百人取一，西北州军则是十人取一。（欧阳修《欧阳修全集·奏议集》卷一七）有时朝廷考虑到河北地区因为临边，受到战争影响，还单独进行考试，录取河北贡举人。所以北宋河北士大夫阶层在读书仕进的路上也并不落后。

一个既有优惠的读书入仕之阶又得以熏染英雄气概的士大夫群体，其在职业生涯上取得突出的成就应该是在情理之中。河南大学历史系的程民生教授曾经统计北宋宰相的出生地，发现竟有14个出自河北地区，遥居北宋各路之首。（程民生《宋代地域文化》）可以说宋代的安阳作为河北的一部分，其民风、其水土、其日用、其地位，都有足够的理由让生于斯长于斯的子弟们感到自豪。到北宋后期，这种自豪感应该已经非常普遍，以至于李清臣在韩琦死后不久的元丰元年（1078）对这种“河北人”的自豪感作出了理论总结：

> 考诸《国史》，则累朝将相，颇多河北人，若赵韩王普，实保塞人；曹冀王太尉，旦莘人；张尚书咏清，丰人；柳公开，元城人；李文靖公沆，肥乡人；张文节公知白，清平人；宋宣献公绶，平棘人；韩忠献公琦，安阳人，馀有名公卿相望而立朝者，不可悉数。窃尝原其故矣，夫河北方二千

里，太行横亘中国，号为天下脊，而大河自积石行万里砥柱，傍缘太行至大伾，斗折而东，下走大海。长冈巨阜，纡馀盘屈，以相拱揖抱负。小则绵一州，大则连数郡，其气象如此。而土风浑厚，人性质朴，则慷慨忠义之士，固宜出于其中。虽或有不遇，不及自用其才，亦必淹郁渟蓄，声发益大，泽漫益远。以施于子孙，亦自然之理也。(《鸡肋编》卷中)

李清臣眼中河北士大夫最显著的气质，是我们从柳开身上能最清楚地看到的，也是在韩琦的职业生涯中看到明显痕迹的，即李称为“浑厚”“质朴”“慷慨”的英雄气概。至于这种气质的根源，李清臣归结为这个地方本身的“气象”。这同上述赵鼎臣《邺都赋》里颇有诗意的“水深土厚”四字恰成对应。人对乡土的信赖与自豪，至此可谓极矣！

(作者单位：美国俄克拉荷马州立大学历史系)

清代历城朱氏文化世家研究（下）

李嘉彤

二、文学

历城朱氏从第三代朱美先起世代居于济南府历城，济南府自古占有相当重要的地理位置，位于五岳至尊泰山北麓，拥有多处泉眼与南部的蜿蜒群山。府治所在的历城，《历城县志·姚立德序》中记载历城“四方之人乐其俗而安其居者，比比是焉，诚海岱之间一都会也”，另有群山群泉组成“齐烟九点”之景色，城内众多泉眼涌汇，注入大明湖，引来无数文人吟诗、作文称颂。例如盛唐时期李白、杜甫等名家都曾在诗句中提及济南，赞誉泉城群泉竞发之妙景，北宋黄庭坚也曾写出“济南潇洒似江南”的诗句，将济南喻为北方之江南，这种自然环境的柔与清自然也在潜移默化中被诗作无声地汲取，为构筑起济南府独具特色的诗歌文学气象奠定了基础。

明清之际，山左地区曾受到王朝易代的巨大冲击，清军入关的动荡严重冲击鲁地的政治和经济情况，士人大多苦于清兵劫掠与流贼四窜抢劫，启程前往南方避难。此时诗歌发展被王朝易代的巨大冲击打断，山左诗人将一切诗论、诗歌写作方法抛之脑后，重拾“诗言志”的传统，期望通过诗歌抒发自己内心巨大的感情波动和哀痛。而康熙十八年（1679），清廷武功告成，清政府宣布对南渡乡绅回籍一律既往不咎的政令颁布之后，原鲁地望族纷纷携家回归故里，济南府由此获得了新的生机，文化教育也随之提上日程。王渔洋以新朝诗人领袖羽仪风流，提出“神韵说”，以“不著一字，尽得风流”

为作诗要诀，一度占领清初文坛领袖之位。历城朱氏中第四代朱宏祚与王士禛曾同窗学习，其子朱缃、朱纲、朱绛又受诗于王士禛。

以下，本文将整理历城朱氏家族文集、诗集，并从朱氏家族几位重要人物的诗歌创作特色和文坛交游、互动经历出发，分析朱氏家族的诗学发展流变和精神传承。

（一）历城朱氏家族著作考

历城朱氏除了丰富的仕宦经历之外，其家族成员在文学、绘画、书法甚至医学、解剖学、金石学等领域都有或多或少的涉猎和成就，作为山左地区极具代表性的名门望族，朱氏家族成员世代产出大量的诗歌与文集，如朱缃、朱纲、朱绛兄弟共同编撰的《棣华书屋近刻》，就被编入《四库全书》中。除此之外，历城朱氏流传至今的诗集还有《济南朱氏诗文汇编九种》《红蕉馆诗抄·仍可轩诗抄》《其顺堂三世遗诗》等。

历城朱氏家族著述一览

序号	姓名	著述
1	朱昌祚	《熙朝雅颂集》收录《冬猎篇》《桂山堂为平湖陆侍御作》
2	朱宏祚	《纪事诗》《后纪事》《祝云麓使君初度》《同董观察仇副戎王别驾游烂柯山》《盱眙县志》
3	朱缃	《枫香集》《观稼楼诗》《吴船书屋诗集》《云根清壑山房诗》《岭南草》等
4	朱绛	《岭南草》《梦村集六卷》
5	朱纲	《济南草》《苍雪山房稿》《洗冤录》《检尸考要》
6	朱纬	《梦村集》
7	朱怀朴	《复斋漫稿》《桐社稿》《鹅浦集》《登禹山房诗》《种莎书屋诗》《晴雪斋稿》《楚游草》《竹间草》
8	朱崇勋	《桐荫书屋诗草》
9	朱崇道	《湖上草堂诗》
10	朱崇厚	《绘事逋还杂咏》
11	朱崇诰	《柿叶山房诗》

续表

序号	姓名	著述
12	朱令昭	《闽游集》《黄华集》《皇葵集》《水明楼诗集》《冰壑诗钞》
13	赵慈（赵执信女、朱崇善妻）	《灰心断肠诗词集》《诗学源流考》
14	朱琦	《倚华楼诗》四卷、《清忠堂文稿》
15	朱璜	《双峰文稿》《缘玉堂诗》
16	朱照	《锦秋老屋稿》《锦秋老屋笔记》《水道考一策河图》
17	朱倬	《遁斋诗稿》《稽愁吟》
18	朱攸	《其顺堂文稿》《其顺堂三世遗诗》
19	朱曾敬	《桐轩学吟》《柳社集》《秦游草》
20	朱曾传	《南游草》、《桐孙老屋遗诗》五卷
21	朱曾武	《律例编言》《四书字义说略》《制义纲目说略》《唐诗绎律》《时文一贯录》《一隅集》《游艺草》
22	朱曾喆（徐雁平《清代家集叙录》记录为朱曾黼）	《养中之塾文集》《养中之塾外集》《养中之塾续集》《枫香草堂集》
23	朱凝台	《郎甫文稿》
24	朱畹（朱敉人）	《红蕉馆诗抄》《红蕉馆诗抄续》《红蕉馆诗抄续二》
25	朱诵泗	《枕湖吟馆诗稿》
26	朱诵涪	《听雨馆诗钞诗余》二卷
27	朱廷相	《仍可轩诗钞》

（二）朱昌祚诗歌考

朱昌祚由于被俘出关的特殊经历，被编入八旗中的汉军镶白旗，所以他的诗歌被编入收录清初到嘉庆年间满族八旗、汉族八旗和蒙古八旗诗歌的《熙朝雅颂集》。

《熙朝雅颂集》收录朱昌祚诗二首。其中，《冬猎篇》是一首写实主义的古体边塞诗。着重刻画一位意气风发、牵黄擎苍的少年捕猎时的情景，具有忠于现实的写实主义特点，透露出诗人身在军营常年训练、厮杀的血性与勇猛，豪气风发，读来震撼人心。

《桂山堂为平湖陆侍御作》一诗，历来极少有人关注。诗题中平湖陆侍御的身份，未见有前人考证。有人曾认为该陆侍御指的是陆陇其，我们认为这种说法应该是不正确的。陆陇其康熙九年中进士后入仕，在这之前应当是没有入朝经历的，他不可能在这之前与朱昌祚相识；而朱昌祚则是于上任三省总督后第二年（康熙五年）被杀，他如何能够为陆陇其写下这首诗呢？

《桂山堂为平湖陆侍御作》这一题目，并非只有朱昌祚一人写过。与他同时代，有一名为范承谟的官吏也曾写过一首名为《桂山堂为平湖陆鹤田侍御作》的诗。巧合的是，这位范承谟也曾就任浙江巡抚，据《清史稿》记载，他是在朱昌祚离任浙江巡抚，前往就任三省总督之后四年，也就是康熙七年（1668），出任浙江巡抚的，是朱昌祚的接班人。范诗的诗名中写全了陆侍御的名字，经过考证，平湖陆侍御是平湖人陆光旭，号鹤田。陆鹤田顺治时期中举，后举为进士，官至陕西道、冀南道监察御史，于康熙时期因文字狱获罪。他与浙西词派领袖曹溶交好，在他上疏谏言所用的砚台“草疏砚”上，曹溶曾为他题字“此心赤，坚于石”，这座砚台记载于清代金石学家张廷济所著《清仪阁所藏古器物文》中，张廷济在砚台拓片上亲笔题跋两则，摘录部分曰：

> 平湖陆鹤田先生名光旭，顺治辛卯举人，壬辰进士，由保定知县擢御史迁冀南道，康熙二十年辛酉服阕补江安粮储道，在台省时请停织造，请蠲粮，请复巡方，诸疏铮铮有声。……道光四年甲申二月六日，叔未张廷济。

根据张廷济记载，陆光旭为顺治辛卯举人，壬辰进士。顺治九年壬辰（1652）进士题名表中，范承谟位列二甲二十三名，陆光旭位列三甲一百三十八名，两人有同年之谊，因此相识的可能性很高。陆光旭出生于浙江嘉兴平湖，生活于顺治、康熙二朝，与朱昌祚、范承谟为官地点、时期大致吻合，平湖陆鹤田的身份可以确定是陆光旭。

那么朱昌祚为什么要借陆光旭之名，写这样一首貌状山水，实则自我剖白的诗呢？这就要联系到陆光旭的生平。陆光旭“直言敢谏”，主要指的是他顺治年间在任陕西道监察御史期间，向顺治帝上疏请求废除巡按一事。顺治十七年（1660）八月十二日，御史陆光旭出于言官忠忱，论争巡按的设废，上《议巡方疏》，其时巡按已经历四次派遣、三次取消，两派论争不断、矛盾深重。陆光旭认为，巡按制度之所以久积弊而不去，正因其中涉及汉官、满官利益关系，饶是御史部门频频发难，也不过是象征性地削弱职权数月而后恢复而已，并没有得到实质性的解决。陆光旭言辞犀利，不留余地，自然在当时朝堂引起诸多不满。

朱昌祚应当是任职浙江巡抚期间，偶有兴致行至山林，到访陆鹤田故居，有感于陆鹤田直言上疏之举，写下了这首诗作。朱昌祚在任浙江巡抚时，是他毕生政治生涯中最为辛劳的一段时期，他为处理累累欠税、内迁安置和流贼暴兵等诸多事宜“夙夜拮据，檄催剳谕，颖秃唇焦”（《康熙十二年高唐州志》），但他毫不退缩，直言敢谏，其执法如山的坚韧性格正与陆鹤田十分相似。他来到清溪山林之处，见到既似唐朝李愿隐居之处的盘谷，写下此诗。看似抒发归隐之念、山水之情，却仍挂念朝廷事务，无法做到忘世归隐，更无法就此结束仕途，所以他借山中凄索萧条之景告诫自己，只可“小憩”，不可“长留”。这跟众多诗人游历山水所抒发的向往归隐之情是很不一样的。

（三）朱缃的诗歌及创作风格、文化互动

朱缃是历城朱氏家族第五代成员，与王士禛、田雯、朱彝尊等诗坛、词坛名作手交游，并得到了王士禛“彬彬然近代一作手”的极高赞誉。关于朱缃的诗歌，已有张德印《朱缃诗集整理研究》一文进行过研究，作者将朱缃可考的诗歌均进行了整理、编校，并分别就朱缃的诗歌创作思想和艺术进行了分析，其对朱缃诗歌研究所作出的贡献无须质疑。

在前人整理的基础上，我将朱缃的诗歌进行分类，分为以下几类：山水田园诗，人生际遇诗，咏物言志诗，赠友怀人诗。

1.山水田园诗

朱缃家境殷实，其父是名官朱宏祚，但朱缃本人却对科举仕宦兴趣寥寥。他喜爱山水，在章丘县明水镇的橡村构筑别墅，据王士禛《朱缃墓志铭》记载，这座别墅周围有“百脉之泉，周于舍下，群峰环抱，清晖娱人”。他不仅将居所修筑于山水之间，也乐于四处游历、亲近山水竹林。他十八岁随父至广州，二十岁回到历城，将在粤地的见闻编成《岭南草》诗集。后他居家十八岁，其间于济南府及附近游历，交游各方来访之士，他性好宾客，访济南者都以不识子青为憾事。他对济南名景十分倾心，如数家珍，譬如大明湖、明湖白雪楼、历下亭、华不注山、千佛山等等，写出众多记叙游历之诗。

历下亭雨望

鸭觜船轻绿浪肥，湖边亭子敞云扉。
淡烟著地鱼衣湿，浓墨烘山玉笋微。
白菡萏垂经雨重，红蜻蜓出带香飞。
笠檐蓑袂柳阴外，醉入冥濛便不归。

朱缃写诗，清淡而朦胧，如聚拢一团隔绝视线的云彩，既让人从中可以窥见众多意象，但也让人不能准确说明他究竟要表何意。朦胧与婉转之间，似乎总偶现着几丝诗意，若是伸手去探寻，却又是空空如也。“淡烟”“鱼衣湿”“浓墨”“白菡萏”“红蜻蜓”，意象皆轻盈飘逸、雅致清淡，并不带任何浓烈的情感，但尾联却笔锋一转，勾勒一位蓑衣斗笠之人，于这清逸之景中大醉离去，他是谁，去向何方，为何买醉，却无人知晓。但这背影却偏偏给人一种落寞与潇洒并存之感，恰当收笔，恰当留白，教人浮想联翩。确有神韵派之“不著一字，尽得风流”的真谛。

2.人生际遇诗

朱缃一生未曾正式入仕，他不喜科举之程文制艺，只是循例纳资捐官为候补主事。这种清闲隐逸的人生经历，既给予他登山临水、吟诗作乐的空间，也让他不免在官宦遍布的朱氏家族显得有些与众不同。他的弟弟朱绛、朱纲也同他一样受诗于王士禛，但朱绛、朱纲皆在朝廷或地方有所任职，更不必说与朱缃同为第五代朱氏子弟的朱綵等人，官至知府，接续簪缨。所以，朱缃虽然表面游乐山水，无所顾忌，但内心深处却总有一丝或多或少的落寞，这种落寞有时借助山水诗的言外之韵传达，有时就以“忧愁”的形式直接表达出来。

病起独坐

一番蕉叶雨，几穗蓼花秋。
行药空廊静，摊书小院幽。
病馀慵对镜，雁去怯登楼。
萧瑟西风里，高吟一破愁。

这首诗是朱缃病中写下，病中之人，无法与三两好友一起吟诗作乐、游山玩水，门廊外只传来细密雨声与树叶沙沙作响之声，佣人将药送予朱缃后也已退下，偌大朱宅，其余兄弟、父亲都有政事需要忙碌，竟只剩朱缃一人。萧瑟风起，恰逢秋日，只有在这般特殊的时节，朱缃才能体味到一种切肤的孤独和愁绪，而这种愁绪如今却不能只寄托于景物、意象中，所以尾联中“愁”字便点明出来。但朱缃也毕竟是天性乐观、恬淡之人，这种愁绪一旦落到诗句中，便不存在于他脑海心胸之中，因此他高吟诗句，便能将这种孤独愁绪排解。

3.咏物言志诗

前人分析朱缃诗歌，均没有分析这一类别。朱缃写物写景，多只是停留于景物自身，并不作多延伸，因而朱缃的大多写景诗中，也很难窥见他个人的志向和愿景。但在小部分写景、写物诗中，也能看到咏物言志、抒情的成分。比如这首《瓶中兰花》（节选）。

《瓶中兰花》（节选）

惟尔王者香，莓莓莫可比。
绘图号幽客，潜德称君子。
有意空谷中，无心碧烟里。
我性最疏冷，尔质亦若此。

臭味相投契，留连自无已。
精神共周旋，魂梦犹徙倚。
空斋绝尘嚣，终日我与尔。

笔者看来，这首诗中咏物言志的意味相当明显。从“惟尔王者香”一句开始，到“终日我与尔”，都是朱缃将兰花比作自己的朋友、自己的同类来写。他认为，兰花清幽淡雅的香气使它不愧为四君子之一，只愿隐逸深山，不愿深陷污秽。而朱缃本人又是“最疏冷”，不愿接近鱼龙混杂的官场、朝廷，只愿身居空斋偏地，独守自己无人理解的艺术。他与兰花“臭味相投契”，不愿靠近世间尘嚣，只愿隐居吟诗、游山玩水，这是兰花的风骨，朱缃期望自己也能坚持这种孤高、清雅的姿态，不与世俗之人同流合污。

素馨

仙种灵根手自栽，花用深处好移来。
彩丝牵雪千行乱，珠蕾笼烟一雨开。
刘女梦中犹有恨，江奎诗里漫相猜。
枝头偏解幽人意，暗把寒香付酒杯。

朱缃的咏物诗中，不仅有咏物言志的一类，也有通过描写景物、事物抒发内心情感，寓情于物的一类。如这首《素馨》，着笔于其貌不扬、气味浅淡的灌木花，却用“仙种”“彩丝牵雪”“珠蕾笼烟”等玲珑妙语来形容，将一般赏花人不会留心的花朵喻为仙界下凡之灵花，可谓别具一格、独具匠心。朱缃极擅长发现身边细微事物中的美丽，并欣然付诸笔下，在其中寄托自己的喜爱与写作时的情感。尾联“幽人意”“酒杯”都暗示朱缃此时正借酒排解心事，偶然发现有散发似有若无的香气的素馨花陪伴自己。虽然朱缃并未表明自己有何种忧虑、心事，但在其诗中，大部分的抒情都仅仅停留在暗示的层面，并不深入点出，给读者留下畅想的空间。

4.思乡怀人诗

上文说到，朱缃曾随父亲暂离家乡前往广东，度过了两年时光。这两年中，他所作诗歌编成了诗集《岭南草》。在《岭南草》中，有相当多的写给三弟、四弟等人的思乡怀人诗。

寄怀四弟

送尽春光梅雨初，鸰原回首独欷歔。
暮山万里月满地，孤鹤一声人寄书。
珠海瘴云归路杳，蛮江野水雁行疏。
夕阳独上高楼望，竹叶杨花忆敝庐。

朱缃热爱游历山水，也曾奉命前往京师办事，他人生后期的许多时间，其实都不是在家中度过。他的诗中总有包涵各地特色的意象，譬如“梅雨”“珠海瘴云”“蛮江”等等，均是粤地特有的景色，这体现朱缃作诗所遵循的重要原则“写实”。他即使偏向朦胧、神秘的神韵说，不将个人感情外露于文字，但他却是在生活细节中取材作诗，因此也显得格外真实。这种真实表现在他的思乡怀人诗中，感染力和震撼力就更加强大，异乡异地的游子即使思念家乡亲人成疾，也只能目接陌景，吟诗以自我排解罢了。

由上节的赏析，我将朱缃的创作风格简单概括为如下几条：第一，写实原则。第二，抒情朦胧或近似空茫，多借景抒情、留白。第三，文笔质朴而不失文采，多着眼于生活细节，但着重炼字推敲。第四，平淡中不失雄奇，不失类于游仙一类的描写。

朱缃之所以能形成这样的创作风格，其一大原因是受王士禛诗作的影响。王士禛是神韵派的领袖之一，他所采用的“不著一字，尽得风流”的宗旨，与朱缃作诗的天赋恰好吻合，也正是这般盛世才能孕育出的盛世之音，支撑起了朱缃独特的也是合乎时宜的诗才，神韵诗往往偶得天成，但朱缃却能大量产出，这不得不让人感叹他的过人天赋和生之逢时。

（四）朱绛、朱纲诗歌及创作风格、文化互动

1.朱绛诗歌与创作风格

朱绛作《岭南草》一卷，收于《棣华书屋近刻》，现存于《四库全书总目》。朱绛作诗多清新求变，不拘泥于一种表达方式，从中可窥见宋诗风

采。如这首《梅花溪》："屋后寒梅发，篱前春水生。冷香萦客梦，夜雨忆溪声。"所用意象均十分常见，梅花、春水、夜雨、溪声，但却能够在平淡中独有一份如画般直观的趣味，嗅觉、听觉、视觉均被诗人调用，使人读来似身临其境，嗅到寒梅的淡淡幽香，卧于枕上，听窗外雨声淅沥、忆起溪水潺潺。可见，朱绛作诗取材于身边常见物象，却能通过时空、五感、动静的表达方式将意象重新组合，并着重炼字，意象虽多，但不是单调的堆积，而是巧妙地将它们融入同一幅图景中。

2.朱纲诗歌与创作风格

朱纲诗作有《苍雪山房稿》一卷，《济南草》一卷。朱纲作诗题材多是写景、思亲、抒情、酬赠等主题，取象新雅，文笔细腻古澹，优美纯净，晓白易懂，融情入景，意境质朴纯净。

雨后夜坐抒怀

危坐挑灯读，空闻漏鼓长。
轻烟天黯淡，小雨夜凄凉。
园竹新抽嫩，瓶花欲堕香。
惊心虫语乱，岁月去堂堂。

朱纲诗作往往将诗情与景物、意象合二为一，不与其兄朱缃一般隐而不发，而是通过精心挑选意象，用细腻的文笔间接抒发情感，不似江河般浓烈奔涌，而是如溪水般绵长悠远。这首《雨后夜坐抒怀》感慨时光易逝，声声漏鼓、点点雨声敲打着诗人的耳膜，舒目眺向窗外，是不知何时抽芽生长的新竹，敛目环视书桌，却是开得正盛却即将垂败的瓶中花，时间没有实体，却无时无刻不将痕迹刻印在世间万物之上，悄然无声却刻骨铭心。正是这样的一种淡淡的哀愁让诗人写作此诗，字字句句都在写时光的流逝，"惊心"一词更是直接点明了他的惶恐与不安，景致虽然凄凉黯淡，但却是哀而不伤，精巧地把握着抒情的程度。

朱纲的游子思乡诗也可圈可点。这首《书王家营店壁》中写道："竹墙茅屋看层层，客思乡愁两不胜。最是黄昏人静后，半帘明月一枝灯。"黄昏明月、一盏孤灯，这是思乡诗相当常见的意象。但正是因为简单普遍，却最容易写得繁复赘余。朱纲对于这几种意象，并未使用精致优美的词字描摹，只是用半帘、一枝这类数量词修饰明月与灯盏，胜在画面感极强，颇有诗中有画、画中有诗的风采。且半、一的数词既有简洁朴素的特点，又能凸显黄昏孤寂萧瑟之景，世间万籁俱寂，除了半轮明月与游子的孤灯，再找不到其他生气；月光如薄薄的纱帘，如枝叶般的灯光又细小，覆盖范围不大，周围仍是被黑暗笼罩的，更能烘托冷清、寂寞的氛围，游子在这般环境下，如何能不思乡呢？由此，便自然将读者带入了那份情感中。

三、家风及其传承

在中华文明的传统中，凡为世家大族，必有其内在的世代相传的优良家风。《礼记·大学》有："所谓治国必先齐其家者，其家不可教而能教人者，无之。故君子不出家而成教于国。"这是说，家庭教育的完备是教育他人的前提，有德行的人不必走出家门，就能影响一国之人。优良家风不仅能够代代影响家族成员，使其言行正直、不行作奸犯科之事，而且能够通过培养家族成员的良好品格，从而将这种品格推而广之，扩散到家族所在的一方地域。

历城朱氏作为山左地区有一定社会影响力的世家，也有着其独特而严格的家庭教育与家风。如朱美先为供养父母衣食，放弃隐居务农，毅然从事前途未卜的商业贸易，并最终促使家族振兴；朱昌祚在其父任侠好义的人格的影响下，于在任浙江巡抚期间关心民瘼、为民奔走，不辞辛劳，得到一方人民的爱戴，并最终因为民请愿而得罪权臣，不幸罹难；朱缃父亲朱宏祚去世时，朱缃亲自赶回家乡为父亲扶棺，哀痛欲绝。不久后，朱缃母亲也因病去世，朱缃连遭打击，卧病不起，最终英年早逝。这些事例并非朱氏家族的个例，而是普遍存在于家族成员中的美好品质，在此我们将这些品质进行归纳，分三个方面阐述。

（一）孝双亲，重人伦

《论语·为政》曾有这样的论述："子曰：《书》云：'孝乎惟孝、友于兄弟，施于有政。'是亦为政，奚其为为政？"孔子将孝敬父母、友爱兄弟视作德教的重要组成部分，甚至是政治统治的一个方面，纵然先秦时代为政观念与后世已有差别，但孔子想要表达的思想是显而易见的，忠贞孝友自古以来就是家族甚至政治生活中极为重要的组成部分。

历城朱氏历代子孙均有孝敬双亲、重视人伦的优良品质，其事迹见载于《历城县志》《高唐州志》及《济南府志》之中。

历城朱氏第三代朱美先曾“问生计于萧、砀、费、泗间”，起因就是家贫不堪，粮食不给。在外出经商尚未发达之时，他常常衣衫褴褛，“只旅敝装”，不舍得为自己买一件符合时宜的衣裳，但常常斥金为父母购求当地特产，寄回贴补家用。朱美先通过经商致富后，也不忘年少时任侠好义的美好品格，常常帮助亲友乡邻，“伯仲叔氏冠婚诸礼，皆取给于公”，朱氏一家上下的日常开支都要仰仗朱美先的收入，村民、乡邻也“待以举火”，即蒙受朱美先诸多帮助。朱美先父亲去世时，他形销骨立，悲痛欲绝。长兄的长子去世，他将自己的孩子过继给长兄，待长兄再次得子，才让嗣子回归本家；长兄去世，朱美先将长兄之子视若己出，皆“卵翼提诲，以至于成”。由此可见，朱美先具有忠贞孝友、重视人伦的品质，并毕生恪守之。

在父亲朱美先的影响下，朱美先五子皆孝友忠诚，有范文正公先忧后乐之志。长子朱光祚颇有父亲任侠好义之性格，德望隆厚，乡邦皆受其关照。次子朱昇祚，人淡如菊，义蕴弘深，可叹为人杰。三子朱昌祚，有龙骧凤举之志，官至浙江巡抚、三省总督，朱昌祚幼年常与之习武、读书，可以说，朱昌祚志向的确立和人格的形成，都受到了长兄的巨大影响，他在幼时曾被清军俘虏至关外，但未曾忘记宗族，入关后不久便凭记忆寻回家中，与父亲团聚，并将父亲接到身边悉心照料；母亲去世时，朱昌祚以衰麻视事，归家营葬时痛哭流涕，几近哀毁绝粒，人称公家孝悌之风未艾。四子朱宏祚，坦率阔达，毅然有不可犯之色，长兄朱光祚的二子朱纹年少即孤，他悉心照顾扶持，视如己出；他曾编写《朱氏族谱》，为朱氏家族唯一一部族谱，充分体现出其尊宗敬祖、重视宗庙的人伦意识，颇有慎终追远之民德，进一步丰富了朱氏家族“重人伦，孝亲友，敬祖先”的内涵。

第五代之后，朱氏家族亦有忠贞孝友之子孙。例如朱綵，孝友于兄弟，待人接物平易和善，宗族亲戚若有家贫不能给者，均仰仗朱綵的接济帮助，更有甚者贫困以致不能葬，朱綵也帮助处理妥善、周全。朱缃，其父朱宏祚去世时，他亲自扶棺下葬。不久后，母亲王氏因病去世，他哀痛绝粒，积劳成疾，逝于三十八岁的大好年华。朱缃之弟朱纲，曾任福建巡抚，其父朱宏祚正是于此任上失言被贬，他常常“念先人遗留之绪”，以父亲的事迹激励、提醒自己，时刻感念父亲的教导，希望继承父亲的遗志，不失为一种纯孝。如此种种事迹，都表明历城朱氏家族不论在乡邻间还是在地方为官，都能恪守家族忠贞孝友、重视人伦的家风，在提升自我人格素质的同时，也能辐射区域民风、民情，实现家风的传播与传承。

（二）重文教，轻利禄

历城朱氏家族重视文教、崇尚科举取士的家风，在上文从政与仕宦一节中，曾以表格形式作过简要介绍。历城朱氏家族从第四代朱昌祚、朱宏祚开始，逐渐摒弃前代隐居或经商的生活模式，转而与清政府合作，而通过科举取士获得官职是与朝廷产生联系的最直接方式，也是推动家族振兴发展的最有效方式，为使后代家族成员能够在科举中取得成绩，朱氏家族必然要为后代安排更多文教活动，例如朱缃、朱纲、朱纬三兄弟就自小受诗于父亲朱宏祚的同年王士禛。在科举取士的同时，历城朱氏家族也涌现出相当多的一批教谕、教授，在地方学宫教导学生，通过这种方式回报社会并提高地方影响力。朱氏家族成员为官均重视民情、清正廉洁，史料记载中，朱氏家族子弟多有淡泊名利、娱心山水的倾向。

第三代朱美先虽毕生经商，但“契阔书卷迨数十周星”，好学深思，老而不忘，颇有学士之风。在父亲的影响和教导下，于第四代诞生了朱氏家族第一位举人——朱宏祚，朱宏祚曾在京城学业于程太常，被程太常赞为“此国器也”；他为官廉洁，常动用私产帮助人民渡过难关，更不必说从不接受贿赂；他性格尤为淡泊，除读书外别无他好，凡书写奏疏公簿，口占立就，不假他人之手，可见其政治素养和文学素养都极高。其兄朱昌祚更有诗歌载于《国朝雅颂集》，擅长写实主义，有山林、边塞诗，气势雄浑，意气风发，读来澎湃激昂。

第五代朱光祚之子朱綵，虽官高禄厚，但修布衣寒士之节，平易近人。他好与四方名流交游，每至月明风清之时，便亲近自然、清歌一曲，颇有王维“弹琴复长啸”之空灵萧然之意，轻视一切荣辱得失，性格淡泊。朱昇祚子朱纹，为人温煦廉慎，居于明湖之上，平日赏莲游乐，好读史书，有人为他题词：“开樽绿泛贤人酒，卷幔红摇君子花。”朱宏祚之子朱缃、朱纲、朱纬皆善诗，工于书法，受诗于王士禛，于神韵诗中占有一席之地，有多部诗集传世，朱缃被王士禛誉为“彬彬然近代一作手”，过济南者，皆以不识朱缃为遗憾。第六代中朱綵之子朱怀朴，颇有其父清高淡泊之性格，虽科举不见收，但天性好古，工于书法诗画，筑禹登山房，种莎书屋，汇集文人骚客在此处论诗饮酒，颇有意趣，其诗作数量众多，往往“充箧盈笥”。

历城朱氏家族重视文教、科举，为官后廉洁清正的家风，在家族子弟的生活、为政实践上体现得淋漓尽致。文教的兴盛，不仅体现在科举中举、进士人数之多，更在于热爱读书、吟诗作画的生活习惯的形成，由上文我们可以看出，历城朱氏子弟将这种家风贯彻得十分彻底，这在当时追名逐利的现实中是十分可贵的。

（三）友乡邻，为人民

朱氏家族子弟在乡邻间多有较高声望，他们之中的许多人曾慷慨解囊帮助过邻居、友人，因此德望隆厚。此外，朱氏家族科举取士后为官外地的家族成员居多，他们多能恪尽职守，关心民瘼，造福一方百姓，从而得到百姓的爱戴和尊敬。可见，朱氏家族成员不仅能在乡邻间发扬任侠好义、乐于助人的风尚，也能将这种良好风气运用于为官为政之中。

历城朱氏家族第三代朱美先，就以任侠好义闻名乡间，他仍为孩童时，听到追呼之声，便知有偷盗之事，即刻投箸而起，前往官府报案，小小年纪便能观察民生民情，义形于色，官府中人多为之动容；他通过经商致富后，更没有忘记乡邻百姓，常常从容解囊助人于危难之中，许多大事要事，人们都会向朱美先请教。朱美先虽一生不曾入仕，但却常追随明末政府奔波流离，一度不顾亲友阻拦前往南明政府驻地，希望能够助其一臂之力驱逐清人，虽然由于南明政府的腐败与无能，他的愿望最终落空，但从中我们可以窥见朱美先对明政府的一腔忠贞，而正是这种忠诚与任侠好义，最终通过其子发扬光大，传承至今。

朱美先之子朱昌祚，为官期间一心为民，北海法若真为他作传，为之铭曰“宁以忠死，不为佞生。或为川岳，或为日星”。他任浙江巡抚期间，浙江旱魃肆虐，人民苦不堪言，“山城江沤，白骨撑扨，卖妻鬻子，食草茹木”，“商贩不通，米价涌贵，全省大饥，饿殍盈途，哀鸿遍野”，朱昌祚巡访各处，星宿履晦，接连上书请求赈灾，带头捐俸，“全活数十万众”。他最终冤死，也是起于上疏阻止鳌拜圈地、保护民众耕地一事，触动了鳌拜等权臣的经济与政治神经，最终被冤绞死，可以说，朱昌祚终其一生都在为民谋生、谋福，他对朝堂之人永远是“知交既寡，冷面性成”，一腔温情尽数倾注在一个大大的“民”字上，其功之丰，其德之硕，他用毕生诠释朱氏“尽心竭力为百姓”的家族风尚。朱昌祚之弟朱宏祚，亦是廉勤自约之官。为官之地旱灾肆虐，他亲自借贷二千五百金救济受灾群众，灾情得到控制后，他因有功被赐蟒服；除此之外，他极擅长发擿奸伏、开释冤案，若有不见于法者，他能够结合案例、情理进行合理分析，并载于案册。可见，朱宏祚也发扬了朱氏家族“关心民瘼”的风尚。

由上述，我们可以看出，历城朱氏家族子弟多能周恤接济贫穷者，行为刚直，为官者则能为民奔走，为百姓办实事，在当时塑造了历城朱氏文化世家的道德形象，提高了家族的社会影响力。

（作者单位：山东大学尼山学堂）

黄彰健：以沉潜的“考索之功”成就高明的“独断之学”

——史语所才俊谱（三十）

王诗雨

1938年10月，抗战正兴，19岁的黄彰健负笈自湖南经贵州，赴当时因战乱迁至四川巴县的国立中央大学求学，就读于文学院历史系。1943年毕业后，到四川私立北碚兼善中学任国文暨历史科教员。1944年3月，受傅斯年邀约到史语所工作。甫一入所，就发表了昭示其一生治学取径的两篇论文，在学界初露锋芒。一篇是《洪武二十二年太孙改律及三十年律诰考》，反映了其在史事考订方面的功力。先生一生的重要成就多凝结于史事考订之中，是当之无愧的史料学派代表。《明实录》校勘成就里程碑式功业，《戊戌变法史研究》指明学界前进方向，《“二·二八”事件真相考证稿》一展经世之志。另一篇是《“张三世”古义》，所涉及的经学、理学研究则显露出其与史语所研究旨趣的区隔。黄彰健的学术生涯始终与史语所紧密相连，尤其值得认真审视。

（一）接续校勘《明实录》

1940年，史语所由昆明辗转入川，落户李庄板栗坳。此后战乱不绝，所内也因宜昌沦陷、旱灾连连、物价飞涨而时常缺粮断炊。受邀入所的黄彰健欲和母亲同来李庄，但史语所在国难期间的困境让傅斯年在反复犹疑后才发出的信中不得不据实以告："先生于此时来，只有薪而无米与生活补助费，决不够一个人生活……手示奉母来，此间待遇能否足二人生活，亦有问题。"（岱峻《发现李庄》）虽遭"闭门羹"，黄彰健还是在极其艰苦的条件下进入了史语所。

史语所秉持"史学就是史料学"之旨趣，着眼于发现与整理新史料。1930年整理内阁大库旧藏明清档案时，偶然发现其中有明内阁进呈《熹宗实录》的散页，由此触发了所长傅斯年校勘《明实录》的想法。作为记录明代朝章国政最重要的典籍，《明实录》卷帙浩繁，版本众多，校勘工作绝非一朝一夕、仅凭一人之力就能完成。这项工作前后历经30年，凝聚了史语所几代学人之心血，并未因史语所四处播迁而完全中断。

在史语所开展《明实录》校勘工作的同时，梁鸿志于1941年将江苏省立国学图书馆本《明实录》影印问世。史语所迁台后，黄彰健曾想将原先李晋华、那廉君、王崇武等学者以北平国立图书馆红格抄本（也称"馆本"）为底本所作的校签誊录在梁鸿志影印本上，但因工程浩大，加之其治学志趣已转向宋明理学，身体又时常害病而作罢。

1955年冬，李济继任史语所所长，意图恢复《明实录》的校勘工作。原先负责《明实录》校勘的王崇武业已离职，校勘重担便落到了黄彰健身上。当时黄彰健对过往的校勘工作还不甚清楚，在重新翻看校签与逐渐摸索的过程中，他发现抱经楼本错讹颇多，而梁鸿志影印本所据又源自抱经楼本，于是意识到《明实录》不能因有影印本而不校勘了。反复斟酌后，他决定延续史语所以馆本为底本的传统，开展校勘工作。自1958年起，在李济所长的努力下，校勘工作获得哈佛燕京学社与洛氏基金会资助，使校勘人员大量增加。

终于在1962年，校勘后的100册的《明实录》影印出版，即台本《明实录》。相较于底本，这套《明实录》在内容上加入了《熹宗七年都察院实录》《崇祯实录》与《崇祯长编》，同时据《明实录》的其他版本进行校对增抄，附有《明实录校勘记》，内容完备，颇便使用，称得上是"青出于蓝而胜于蓝"（谢贵安《明实录研究》）。在校勘工作完成之际，黄彰健作《校印国立北平图书馆藏红格本明实录序》来纪念这一集体功业，其中记载了史语所的版本汇集之功。1931年史语所将馆本晒蓝复印，并对晒蓝本进行拼接缀合与卷数调整，形成校勘底本。此后又广罗善本，傅斯年趁嘉业堂卖书之际购入嘉业堂本，那廉君、张政烺购得抱经堂本。台本《明实录》不仅有校理之功，更有效避免了战乱中《明实录》版本的散佚。

主持校印台本《明实录》的黄彰健在明史研究上更是成就斐然，这在很大程度上得益于他独特的史料考订方法——"史源互校法"与"事件还原法"（邱澎生等《融摄人生志业于史事考订的大家：悼念黄彰健先生》）。前者是指发现史料记载有矛盾时，要比对各种抄本，从而使分歧史料相互攻讦，再结合国史、野史、家史等不同史料类型，分析存在矛盾之原因。后者则是指从史源类型出发，进一步推演历史事件在历史记述中被加工的过程。先生对两种考订方法的综合运用，使其不仅能在大量繁杂的史料记述与版本对校中追索历史真相，而且"大胆谨慎"的历史推演更使其考订作品往往能在扎实的史料考证中启发新思，叩击常识，颇具说服力。这从黄彰健对明初宦官制度的研究中可以窥见一二。

对于明代宦官干政的开端这一问题，以往学者多囿于有限的记载，认为明代宦官干政肇始于明成祖，然而黄彰健基于过往学者不曾得见的"新史料"——成书于洪武十四年的国立北平图书馆藏明钞本《祖训录》与成书于洪武二十八年的《皇明祖训录》，并与《明实录》《明史》《酌中志》《宋学士文集》等史籍进行互校，细密地考察了洪武年间宦官各衙门的官职、品秩和职掌之演变。他首先指出，《明史·职官志》所记洪武十七年铸铁牌并有"内臣不得干预政事，违者斩"之牌文应当源自野史，实录仅说"敕内官毋预外事"，不仅与干预政事有别，更未言及铸铁牌之事。

在对司礼监职务沿革的梳理中，黄彰健认为司礼监由明初的典礼纪察司易名而来，内官识字、"批红制度"的设立都可追溯至洪武年间典礼纪察司的"纪录圣旨"一职，而洪武二十八年司礼监已职掌"御前勘合"，又请如旧制铸造传奉圣旨所需的"出入精微印"，说明朱元璋时就已委任宦官特重。至于宦官建置沿革之所以缺乏官书记载，他也有精到分析：自明创制以来，宦官制度载于祖训而非诸司职掌，建文、永乐后朝廷对诸王多有猜忌，致使祖训成为废纸而不加续修，以至于宦官建置沿革的记载因此废置。后世学者未见《祖训录》，从而在回顾明后期宦寺之祸时反而对太祖约束宦官之言论加以称道，实际太祖已开其端也。（黄彰健《论〈祖训录〉所记明初宦官制度》）

黄彰健根据史语所编写内阁大库书档旧目所记《明实录》姊妹篇《宝训》有正、副、大、小四种本子，推断《明实录》的政府藏本也有四种，并详细梳理了各版本的藏书地点、大小形制等，指出清制对明代实录制度有所承袭（《明末实录书成誊写四份说》）。《论〈祖训录〉颁行年代并论明初封建诸王制度》一文则通过对比《祖训录》前后诸版本的内容，对明初封建诸王制度进行分析。他对明初北元君主世系、努尔哈赤所建国号等问题也所研究，论文多收于其《明清史研究丛稿》一书中。

（二）戊戌变法史研究："多闻阙疑，慎言其余"

黄彰健关于戊戌变法史的研究试图"揭发被忽略的真历史"（《戊戌变法史研究》序），《戊戌变法史研究》一书即是对他洞察幽微与天才猜想的最好证明。

在过往的戊戌变法研究中，学者多据康有为的《戊戌奏稿》和编年体自传《我史》、梁启超《戊戌政变记》等构建史实。黄彰健首先指出康、梁所述存在作伪的成分。1958年，北京中华书局出版了《戊戌变法档案史料》，黄彰健将之与其他史料互校，发现《戊戌奏稿》中的20篇奏折及5篇进呈编书序，仅有两篇真实可信。不仅如此，《知新报》载康有为《条陈商务折》和《裁撤厘金片》也是康有为政变后伪作，《保国会序》亦属康有为补作。（黄彰健《康有为〈戊戌奏稿〉辨伪》）由此，黄彰健预言康有为必有"真奏议"，而真奏折可能已被慈禧销毁。因当时两岸交流暂未开放，他呼吁大陆学者在北京寻找真奏折的传抄本。黄彰健还整理汇编了一部《康有为戊戌真奏议》，虽从所录奏折数量和内容看都还有一些不足，但无疑为戊戌变法史研究提出了重要假设，为学者指明了前进的方向。

1981年，故宫博物院研究员陈凤鸣发表《康有为戊戌条陈汇录》一文，介绍在故宫博物院图书馆发现的内府抄本《杰士上书汇录》，其中恰好收录了戊戌正月至七月康有为所上“真奏折”18件。这18篇奏议与《戊戌奏稿》中收录的康有为奏折无一相同，无疑为黄彰健此前的预言提供了“近乎完美的证明”（茅海建《从甲午到戊戌：康有为〈我史〉鉴注》）。有学者受到黄彰健研究的启发，前往中国第一历史档案馆专门进行追查，证实了《戊戌奏稿》收录的大部分奏折都在戊戌年后经过了康有为的润色修补或有意篡改，这引起了学界的震动。黄彰健在清点台北“故宫博物院”藏军机处旧档时，发现院藏《光绪朝筹办夷务始末记》稿本中录有康有为奏折第六书真奏议，因而感叹道“这真大慰我的想望”（黄彰健《论〈杰士上书汇录〉所载康有为上光绪第六书第七书曾经光绪改易，并论康上光绪第五书确由总署递上》）。这一从“假设”到“证明”的案例，深刻证明了历史研究中史料的重要性，也成为一些学者在课堂上时常讲述的佳话。

黄彰健关于戊戌变法史研究的另一重要贡献是揭示了康有为主张“保中国，不保大清”的历史原貌，同时也指出戊戌政变并非起因于袁世凯告密，但袁世凯告密又加剧了政变的激烈程度。（黄彰健《论戊戌政变的爆发非由袁世凯告密》）面对康梁的说辞和纷繁复杂的史料，黄彰健始终抱持着“多闻阙疑，慎言其余”的谨慎态度。他指出康有为最懂得“文与而实不与”，必须仔细揣摩康有为所言的真实含义，去伪存真。黄彰健对戊戌变法史研究之创见，在几十年后“依然光芒不灭”（茅海建《悼念黄彰健先生》）。

（三）人生志业与治史追求

年满70岁时，黄彰健从史语所退休，不久又先后获聘通讯研究员、史语所学术咨询委员会委员与兼任研究员。在此期间，他笔耕不辍，完成了《中国远古史研究》《周公孔子研究》与《武王伐纣新考，并论殷历谱的修订》三部古史专著。他在撰写第四部专著《论衣礼与经传所记禘祫》时，因忧心时局，转而投身“二·二八”事件研究，最终在90岁高龄写就《“二·二八”事件真相考证稿》，对学界争议颇多的“二·二八”事件进行了详细的考订。他根据警总档案、大溪档案与大量英文史料，考订内容涉及彭孟缉与高雄事件真相、蒋渭川的历史地位、蒋介石是否为镇压之罪魁祸首、《“二·二八”

事件研究报告》的隐讳之处等重要问题。

研究“二·二八”事件时，黄彰健依然沿袭了清初黄宗羲与万斯同整理明代史料的方法：“国史（包括档案）取详年月，野史（包括口述历史、回忆录）取详是非，家史取详官历，以野史家乘补档案之不足，而野史的无稽、家乘的溢美、以得于档案者裁之。”他还忆及“傅斯年先生在世时曾说，考订史料，史料已说的可以利用，史料未说的，仅凭臆测疏解，极易发生错误”，认为这确实是自己“应反思检讨的”（黄彰健《“二·二八”事件真相考证稿》自序）。他在史料考订中，经常对一些需要推测的地方进行反思与检视。

黄彰健对《“二·二八”事件真相考证稿》极为珍视，认为这是其一生最重要、最具原创性的史学专著。这不仅由于他对“二·二八”事件展开的“抽丝剥茧”式的考证，而且在于他的期望。他希望该书使事件受害家属明了真相，“减少其对‘中华民国政府’的怨恨，减少未来海峡两岸和平统一的阻力”，作为自己对中华民族的贡献。

2004年，黄彰健为高血压所累，当时尚未成书的“二·二八”事件研究文稿继续由黄彰健口述，由“二·二八研究报告增补小组”的成员吴铭能、杨钦尧和高伟文根据录音记录进行整理。增补小组成员吴铭能非常钦佩黄彰健对史料过目不忘的本领，每遇史料出处问题，黄彰健都能指明参见书目。文稿整理接近尾声时，吴铭能问黄彰健是否可以用口述历史的形式，记录其一生的经历。黄彰健不假思索地回答：“我这一辈子只有一个工作在史语所，数十年如一日，不管刮风下雨，每天一早到研究室工作，既没有多姿多彩的人生经历，也没有可歌可泣的丰功伟业，那有什么可说的。”（吴铭能《敬悼黄彰健先生》）足可见其一生孜孜以求，浸沐于学术的纯粹！

因《“二·二八”事件真相考证稿》的缘分，黄彰健决定将其所有藏书无条件捐赠给吴铭能任职的四川大学历史文化学院。在对黄彰健研究室进行清理时，吴铭能发现了饶宗颐、陈盘、台静农、劳干等许多知名学者的墨宝，其中最有史料价值的当数傅斯年围绕黄彰健能否进入史语所写的长信。黄彰健晚年时常感念傅斯年的知遇之恩。在当时，中央大学出身的黄彰健能进入以北大出身者为主体的史语所工作，傅斯年的赏识极为重要。

在黄彰健的研究室中，吴铭能发现了一箱与《大陆杂志》投稿相关的亲笔信函与稿件，极为珍贵。《大陆杂志》自1950年创刊以来，黄彰健长期承担其编辑工作，既坚持学术的高标准又不对作者的资格加以限制，并且还对于作者有一定的报酬，为青年学者的成长提供了极好的机会。《大陆杂志》的刊期之久、水平之高，形成了近代学术中一道亮丽的风景线。（吴铭能《敬悼黄彰健先生》）

在史语所，黄彰健的史事考订研究承继傅斯年"史料学派"的研究范式，当属史语所研究的"正统"，而他对宋明理学的持续研究，应属当时史语所研究之"异数"。黄彰健对经学、理学研究的执着不仅与他自幼浸润的儒学教育密不可分，更受到大学恩师的影响。黄彰健回忆自己年幼时，"父亲曾授舍弟以吾湘理学名儒罗泽南所著《小学韵语》，彰健读高中时，张立民师指导同学读理学书籍，仍命同学先读朱子所编《小学》，然后再看《近思录》"（黄彰健《经学理学文存》）。进入中央大学后，黄彰健又跟随金毓黻、柳诒徵、丁山等先生进行学习。在《理学的定义、范围及其理论结构》一文中，可见黄彰健与史语所研究旨趣之分歧。他认为："民国十七年，傅斯年先生写《历史语言研究所的工作旨趣》。该文承中国乾嘉学派的传统，并融合德国史学大师兰克诸人直说，大气磅礴，史语所成立以后的成绩，昭著在人耳目。彰健在史语所工作已三十年，对史语所的成果自然最能欣赏，并无意要求史语所放弃乾嘉学派的传统。中国史学的正统，国史的要义，经过柳先生（笔者注：即柳诒徵）的指出，毕竟是'通万方之略，弘尽性之功'，则我们今后办大学历史系、办历史研究所，应如何才可以进一步符合柳先生此一要求？我认为：这是我们应该严肃的郑重考虑的一个问题。"

黄彰健自知与史语所研究理数有所不同，因而在史语所刚迁台时，曾因要报告明代理学的问题而心怀忐忑，但傅斯年对他讲述的观点表示鼓励。（许纪霖、刘擎《何谓现代，谁之中国？》）在退休前的最后一次讲演中，黄彰健亦选择对理学的相关议题加以探讨，展现了黄彰健对经学、理学的持续兴趣及史语所在学术研究上的兼容并包和后期有所转向的一面。

2009年12月29日，黄彰健魂归道山。在逝世周年前夕，史语所特地举行了学术追思会。在会上，王汎森回忆起黄彰健惊人的记忆力，其对史语所善本文献之熟悉，对当年史语所漂泊至李庄、杨梅的建筑分布的清晰记忆，都给王汎森留下深刻印象。同时，王汎森回忆起黄彰健的研究室从不锁门、黄彰健和戊戌六君子之一的谭嗣同是同乡的趣事。许雪姬亦追忆黄彰健是其博士论文的答辩老师。可见黄彰健对史语所后辈成长影响之深远。

大陆学者茅海建认为介绍黄彰健最不可省略的就是籍贯，认为他有着湖南人天生倔强的性格。2005年茅海建去台北参加学术会议，会后前往“中央研究院”史语所访问，黄彰健听闻后立刻邀请所长王汎森一同与茅海建见面吃饭，饭桌上两人因对戊戌变法细节的理解存有分歧而略起争执。后来茅海建的《从甲午到戊戌：康有为〈我史〉鉴注》书成，寄给黄彰健，没过几个月就收到黄彰健字迹遒劲、观点鲜明的整整四页回信。茅海建笑称他“真是一个天生倔强的老人，而且是一个倔强的湖南老人，可敬而且有点可爱”（茅海建《悼念黄彰健先生》）。

纵览黄彰健的一生，著作等身，以沉潜的“考索之功”成就高明的“独断之学”。正如黄克武评价之：“若我们掌握到黄院士考证的功夫、义理的追求与经世的关怀三者一以贯之的精神，或许对黄院士的研究能有更为深入的体会。”（吴佩瑾、倪孟安《专题报道：故院士黄彰健先生逝世周年学术追思会》）

（作者单位：山东大学历史文化学院）

我的父亲

王济康

我的父亲王绍曾，字介人，号介盦，别号吉民。清宣统二年（1910）农历十一月十八，出生在江苏省江阴高岸乡黄塘（霞客镇）东元塘村，一个半耕半商的普通农民家庭。由于父亲出生的那个晚上，家中正在“坐会”（江南农村中一种无利贷款的方式，有做会、摇会等区别），所以取乳名叫会生。

一、私塾童年

我的祖父名少鹤，兄妹六人他最长，进过几年蒙童馆，后来一直帮着父亲种田，人到中年考虑到只种田不能养活一家人，于是兼营副业开了一家杂货店。祖父的头脑很灵光，知道知识可以改变命运，在此期间自学了三五年，居然能看书看报写信，还练就了一手好字，从此雇了一个长工种田，自己一心做生意。祖母是一个忠厚老实的人，除拖着一群子女外，每天起早贪黑地养蚕，纺纱织布，操持家务。父亲一共兄妹六个，一个姐姐爱珍，两个妹妹菊英、明华，两个弟弟幕曾、幼曾。父亲从小就跟着祖母下地干活，翻土、浇水、除草、除虫样样精通，是母亲的好帮手。

拍摄于1938年

这时的祖父感受到了读书的好处，就要求父亲要好好读书，只要好好读书借债卖田也在所不惜。因此祖父对父亲的学习管教非常严格和固执，要求做事要踏实、勤恳，不准打牌、抽烟、喝酒。父亲受此影响，养成了良好的习惯。只可惜，祖父在1946年抗战期间遭汉奸“忠义救国军”劫杀，时年六十岁，抗战胜利后，父亲为父报仇将凶手绳之以法，这是后话。

1917年，父亲七岁时被祖父送入元塘初级小学，这个小学是祖父发起创办的，建有五间新校舍，请了先生。1920年，父亲初小毕业，本该进城读高小，因为家里缺钱，所以就继续留在学校作补习，除读高小的课本外，晚上还要读唐诗学珠算，当时留校补习的学生很多，为此又另请了两位教师，经费更加入不敷出，祖父就想办法多处去筹措。1923年祖父又把父亲送到城里一个补习国文的学校去读书，希望在这里读上几年，能考取无锡国学专修馆，将来可在中学里教文史。到了1925年，祖父索性联合亲友在家里办了一个私塾，聘请了一个姓张的老先生教学，这样到了第二年，又将父亲送到青阳李庄的王家去附读，这时父亲已读完十三经的一半，并能用古文写三四百字的论说文和记叙文了。

二、无锡国专

1927年父亲没有辜负祖父的期望，以优异的成绩考取了无锡国学专修馆。父亲讲，当时国内的形势正处于大革命时代，在五四运动的推动下，形成了反帝反封建的高潮，而自己则只是一个从乡下来的孩子，什么都不懂。那时报考国专的同学除江浙一带的，还有不少来自两广和湘、皖、川等地，思想比较活跃。从他们那里逐渐了解到孙中山、“三民主义”等一些新的思想和观念。同年北伐革命军逼近无锡，学校暂时封校，到了下半年秋季才开始上课，校名改为“无锡国学专修学校”，校长是

1927—1930年在无锡国专

唐文治先生。

父亲讲："唐先生，号蔚芝，是一个非常重视人格教育的人，过去在南洋公学时，就培养出许多杰出人才，'人禽之别'与'养利之辩'，是他最重要的教条。他还非常重视实践，常用王阳明的'知行合一'和顾亭林的'实事求是'来勉励我们。"

在国专学习期间，父亲有幸师从唐文治、钱基博、朱文熊等国学大师，学习目录学和《文史通义》。父亲的老师钱基博先生，每堂课后都会给他们布置许多课外必读书目，还要求做读书笔记。父亲的读书笔记在班上总是数一数二的，钱先生就用加圈的办法给予表扬，越好圈越多，有时可以加到五个圈。当时他们读的都是原典，每天必须背诵一篇古文，早晨校园里传出的都是朗朗的读书声，背书背得喉咙沙哑，仍要高声朗读，因为不这样读，是掌握不了古文特点的。父亲说，过去读古文都要唱诵，并有一定的声调，抑扬顿挫，这样朗朗上口，好记又好听，只可惜现在会这样读古文的人已经不多了。记得小时候还常常叫父亲唱诵一段古文听，父亲总是很高兴地给我们摇头晃脑地来一段，这样的往事已成为我永远定格的回忆。

1930年，父亲经过三年的学习从国专毕业，并在钱基博先生指导下完成了六万字的毕业论文《目录学分类论》，这篇用文言文写成的长达六万言的大专毕业论文，是那个年代少有的目录学优秀论著。该文从刘向、刘歆父子的《七略》，讲到民国年间引进的杜威十进制法及其在中国之改进，显示了对中国传统目录学的深刻认识和对中西目录学的融合之功。钱先生对这篇论文非常满意，打了一百分，

1930年国专毕业证书

还建议国专将其作为《无锡国专学生丛刊》第一期正式刊出。当时钱先生还把论文带到光华大学给师生们看，后来又在另一位弟子俞振楣的论文上作过这样的批语："我自讲学大江南北以来，得三人焉。于目录学得王生绍曾，于《文史通义》得陶生存煦，于韩愈文得俞生振楣。"足见钱基博先生确实把父亲列入他得意弟子的行列之中。

之后父亲又分别撰写了《史通引书考初稿绪论》《国专图书馆善本书志》《二十四史版本沿革考》《无锡刻书考》等多篇有分量有见地的论文。

三、踏进商务

父亲毕业时，正值商务印书馆张元济先生（号菊生，人们尊称"张菊老"）主持影印《百衲本二十四史》，张先生向校长唐先生选要高材生，襄助校勘之事，于是唐校长将父亲和另外两个同学推荐给张元济，父亲有幸成为张元济先生的助手。

父亲他们在商务的工作是把《二十四史》的各种版本从头校读，这种版本读一句那种版本对照着读一句，看字里行间有什么不同，随时批注，等各种版本全部校完，再做成校勘记作初步考订。究竟谁是谁非，由张先生最后决定。这件工作比较繁重，也比较辛苦，但父亲他们在不懈努力下，出色地完成了任务，没有让张先生失望。

当时商务印书馆拥有国内最大的图书馆——东方图书馆，以富藏宋元明善本及抄校稿本而饮誉海内外，其中的"涵芬楼"藏有37000卷善本和珍贵抄本，其中包括十二卷濒于失传的《永乐大典》，在这里父亲得以接触大量的珍本秘籍，并得到了张元济先生的精心传授，受益匪浅。只可惜"涵芬楼"的藏书在1932年"一·二八事变"中，大部分毁于战火。他们同学三人也由于战乱，不得不离开张菊老和商务印书馆，结束了在商务印书馆一年零七个月的工作。

父亲后来多次见到张元济先生，张先生总是提到在商务的这段经历，一再勉励父亲要实心行事。新中国成立后张菊老到北京参加全国政协会议，在北京革大学习的父亲去看望他，他在百忙中抽出时间与父亲畅谈商务印书馆往事两个多小时，鼓励父亲，现在新中国正值用人之际，要多写一些专业类文章给他过目，可惜待到父亲第二次去看他时，张菊老已经身患疾病在中风恢复中。

由于参加《百衲本二十四史》校勘工作，父亲一生都把自己看作张元济先生的学生，他在“版本学”和“校勘学”上的成就，主要得益于张元济先生的指导。父亲一直对张元济先生怀有深厚的感情。“文革”后父亲还写信给中央领导陈云同志，为张菊老的儿子张树年先生的工作和生活安排建言操心。1981年，父亲在肠癌手术后，即抱病撰写了《近代出版家张元济》一书，由商务印书馆出版，由此可以看出父亲对张元济先生的深厚情感。

离开商务印书馆后，1932年的夏天，父亲接到唐校长的通知，要求他回母校国专图书馆，担任图书管理工作。由于此前的主任是蒋天枢先生，蒋先生考取了清华国学院，因此唐先生决定由父亲来接替这项工作，由于父亲曾经从事和研究过图书的分类编目工作，所以做起来比较得心应手。父亲在半年中将三万册以上的图书，重新用十进分类法（原先是四部分类）加以编目，并邀请了几十个同学帮忙编索引，这样给全校的教授和同学提供了检查资料的便利，由于工作出色，父亲第二年就被学校提升为图书馆主任。

由于父亲在商务涵芬楼接触到丰富的善本特藏，并系统调查了《二十四史》的版本源流，到了无锡国专图书馆后，就撰写并发表了长篇论文《二十四史版本沿革考》，从宋元到明清，用大量的历史资料和目验的材料，理清了“正史”版本源流。这篇论文在这一领域一直格外受到重视，后来台湾学者王国良先生在《中国图书文献学论集（增订本）》中特别收入了这篇长文，将其作为《二十四史》版本考证方面的代表成果来对待。

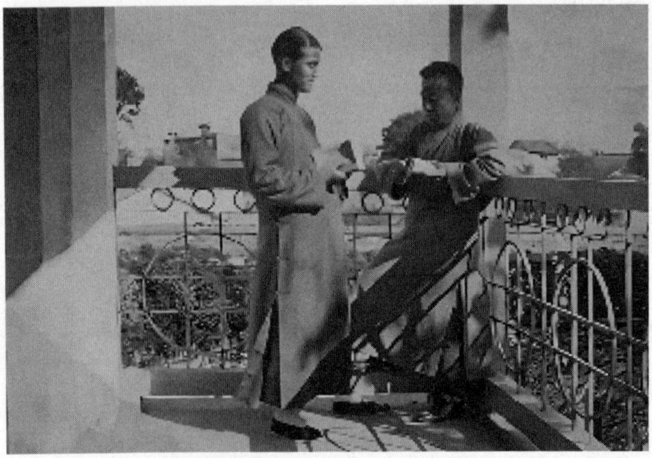

1933年在无锡国专图书馆

到了1934年的下半年，父亲又受邀无锡锡中高级商课职业学校，兼任该校的国文教员。

四、尚仁中学

1935年放暑假的时候，父亲在报纸上看到，实业家、大中华橡胶厂的总经理薛福基先生，要在他的故乡江阴塘头桥创办一所中学，而且学校已经在建设中。父亲非常感动和敬佩薛先生兴资建学的精神，哪知没隔几天，就突然收到薛福基先生托人聘请他出任校长的邀请。在惊喜之余，他考虑到自己没有办过教育，也没有进过中学，对办好一所学校没有十足的把握，怕辜负了薛先生的美好愿望，没有答应。哪知薛先生仍然坚持盛邀父亲担任这一职务，出于对薛先生的敬佩，父亲最终还是同意了去尚仁中学赴任。

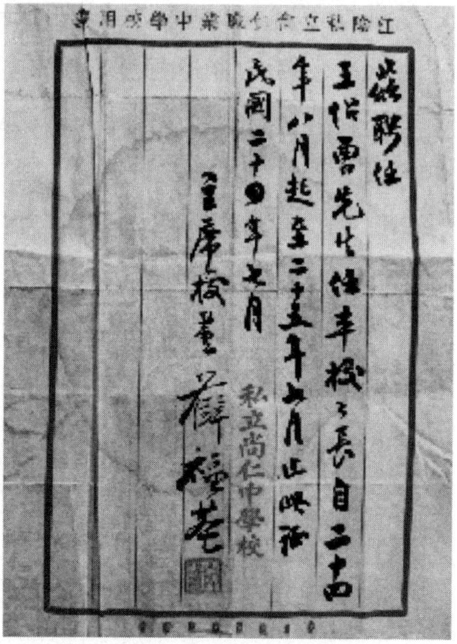

薛福基先生亲笔签发的聘书

父亲当时去尚仁中学任职，也不过是一个二十五出头的毛头小伙子，完全是靠着一股闯劲，在一无参照二无经验情况下，和同事们分工合作，摸着石头过河，平地起楼台，慢慢地把学校的基础奠定下来。一开始办学的初衷是办一所普通中学，后来江苏省教育厅看到学校建设有条不紊，初有规模，就坚持要将学校办成职业学校，薛先生也非常支持，于是就改办成“私立尚仁初级商科学校”。按照薛先生的计划，大中华橡胶厂正需要大批人才，学生毕业后的出路是没有问题的。

父亲说，薛先生是一个有远见的实业家，只读过几年家塾，完全靠自己的苦学功成，他创办这个学校的目的，就是让家乡的青年人，有接受教育的机会。薛先生坚持“收费轻，管教严，有出路”的办学方针，因此吸引了大批的农家子弟，也为大中华橡胶厂和中国的橡胶事业培养出了大批的优秀人才。

父亲当时虽为校长，年龄比那些学生也年长不了多少，为了把学校办好，他边学边干、事事带头、身体力行，使得学校的各项事务在地方上都名列前茅，先后受到了当时江苏省教育厅的三次嘉奖。

曾听父亲讲过一事，那时学校要求全部学生都要剃成平头，居然有一个学生站出来提意见说："校长要求学生剃平头，校长自己为什么不剃平头呢？"父亲一想，这个敢讲话学生提得对，作为一校之长就应当以身作则，于是马上也剃成了平头，学生们看到这个校长虚心听取意见，以身作则，立马无话可说，剃头。

父亲身为校长，与学生的关系一直很好，既是他们的老师又是他们的兄长，直到父亲的晚年，一些工作在祖国四面八方的学生，还一直与父亲保持着密切的联系和书信来往。

尚仁中学当时拥有校基十六亩，两座教室八间，一座大礼堂七间，两座宿舍十五间，两座楼房二十间，五千册图书，二十架中西文打字机，四万元基金，这在当时可谓是充满生机和朝气的学校。父亲看着靠自己和同事们的心血完善起来的学校，面对学校的一草一木，每一个角落都感到非常亲切，当时就立下志愿，一心办好学校，将办教育作为自己的终身事业。只可惜父亲的这一美好愿景，不久便因日本全面的侵华战争而破灭。

1992年5月，我有幸随父亲回到江阴故里，在叔叔幕曾、堂兄安皋等亲友的陪同下，重返尚仁中学旧址，当年的校舍仍然完好保存，父亲对当年办公地点和寝室一一道来，耄耋之年的他回首往事感慨万千。

尚仁中学旧址

五、流亡重庆

1937年7月7日，卢沟桥的炮声把父亲从成功办学的喜悦心情中惊醒，不久，“八·一三”淞沪会战全面爆发，上海被日军占领，形势瞬间紧张起来。时局动荡人心惶惶，面对国破家亡，学校已无法继续正常上课。到了11月初，学校宣布停课，老师们给学生上完最后一节课，便将学生全部遣散回乡。

面对日军一路的烧杀抢掠，父亲和部分学校员工决定不当亡国奴，一起逃往大后方重庆，这其中就包括代课英文老师——我的母亲穆泳娟，以及父亲年幼的弟弟幼曾，他们一行十二人，收拾好行装，便匆匆踏上了一路坎坷的西行流亡之路。

他们动身离开学校时，沿路的交通受到日本军机的轰炸扫射，已处于阻滞状态，沿途到处是逃难的人。离开无锡到达镇江，无锡失守，刚到南京，镇江又失守。本想在南京滞留几天，得到可靠消息，南京要弃守。危急中找到一条小船，匆忙离开南京，沿江一路向西，他们有时坐船、有时坐车、有时步行，还要时常躲避日军飞机的狂轰滥炸，沿途所见难民死伤无数，死人和丢弃的行李到处都是。一路历经艰险无数，几次与死神擦身而过，终于到达汉口。12月13日，南京沦陷。

这时滞留在武汉的难民人山人海，轮船大多被政府征用抢运物资，开往重庆的船是一票难求，而日军步步逼近武汉，怎样离开武汉成为当务之急，正在一筹莫展之际，父亲巧遇了在交通部工作的国专同学李士杰，父亲经李士杰介绍认识了新生活运动

尚仁中学流亡同事十二人抵达汉口时留影

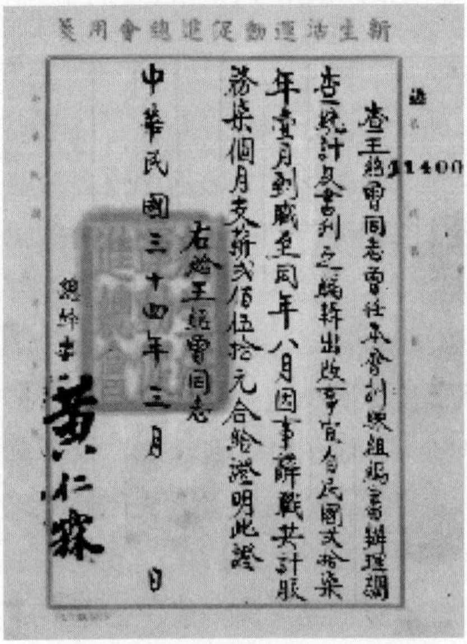

新生活運動促進總會用箋

11400

查王紹曾同志曾任本會刊物組編審辦理調查統計及書刊之編輯出版事宜自民國式拾柒年壹月到職至同年八月因事辭職共計服務柒個月支薪貳佰伍拾元合給證明此證

右給王紹曾同志

中華民國三十四年三月 日

總幹事 黃仁霖

在新生活运动促进总会的领薪证明

总会、时任迁渝办公厅主任的同乡章楚，经章楚引荐认识了在国民党担任要职的、新生活运动促进总会的书记总干事阎宝航，新中国成立后才知道阎宝航实为中共地下情报特工，任外交部办公厅副主任。阎宝航在交谈中得知父亲是办教育的，非常高兴，并向父亲询问和探讨了许多问题，交谈甚欢，于是邀请父亲搭乘他的公船一同去重庆，父亲当然求之不得。到达重庆后，阎宝航还在新生活运动促进总会为父亲安排了一个临时性的工作，每月可拿生活津贴35元左右，解决了当时生存的燃眉之急，阎宝航在这个非常时期，与父亲萍水相逢伸出了援手，可谓贵人也！

后来国民政府教育部成立了四川教师服务团，父亲便去登记，教师团就安排他在编辑组做编辑，月薪40元。再后来又调派他到教育部中小学教材编辑委员会工作，地点在重庆北碚，而此时父亲却病倒无法成行。

父亲当时得的是肺病，吐血很严重，孤身一人带着个年幼的弟弟在异乡，暂时不能工作，经济上出现了困难。这个时候，在中国制药厂担任会计主任的母亲，向病中的父亲伸出了援手，出钱出力帮助父亲治疗，并四处为父亲寻医问药，为凑齐关键的一味中药高丽参，冒着被日军轰炸的危险跑遍整个重庆城，终于把药买到。多亏当时好友同乡、名医邹云翔先生（新中国成立后任江苏省中医院院长，中央保健医生）的精心治疗，两个月后父亲的病终于有所好转，后又将父亲送到重庆的南温泉疗养，在母亲的悉心照顾下，父亲的病居然奇迹般地康复了。

到了1939年2月，身体恢复健康的父亲从南温泉回到重庆，经章楚帮助，去了他夫人屈锦琴任校长的中央高级助产职业学校，在教导处担任了文书主任一职。不幸的是，抗战胜利后，屈锦琴返回南京所乘坐的飞机失事，屈锦琴遇难，章楚也因悲伤过度告别亲友远赴美国。

六、西昌行辕

无锡国专在重庆有一个校友会，有一次父亲在那里遇到了多年不见的老同学张敦品，张敦品原名张联芬，在国专比父亲低一级，他毕业后就加入了国民党军事委员会政治研究班，父亲遇到他时，张正任重庆行营政治部主任秘书。

他告诉父亲国民政府整合边远地区的行政资源，实为蒋退守西昌做准备，要在西昌设行辕，他已被委派为政治特派员，并动员父亲和他一起去，并列举了去西昌的好处：一是气候宜人，物价便宜生活费用低；二是地处偏僻，交通不便，愿意去工作的人不多，人才缺乏，去的话一定大有用武之地；三是西昌还是彝族聚居区，可以去实地了解一下当地风俗；四是最关键的一点，西昌没有日军空袭，可安心工作生活。父亲听了他这样一席话就动了去西昌的意念。

1939年8月，父亲、母亲和同去西昌的一行人，从重庆出发，经成都到达雅安，到达雅安后才知道去西昌并非易事，由于当时的乐西公路和西昌机场并没有建成，徒步行程要十二天，沿途人烟稀少，还要翻山越岭，到了这个时候已无退路，只有鼓足勇气前进。

从雅安到西昌多是原始森林和悬崖峭壁，走的是马帮小道，好在每到一处，都有一砖瓦房的驿站，接待来往的过客和马帮。但山林茂密，人烟稀少，常有虎豹等野兽出没，在路上他们就曾亲眼见过老虎在对面山坡上晒太阳，路上随同的武装护送人员也是十分谨慎小心。

听父母讲，他们当时路过一个小城，名字已记不清了，天还未黑城门已紧闭，家家关门闭户，如临大敌，经询问才知道当晚有狼群过。果不其然，半夜狼群呼啸，蜂拥而至，从城外经过，持续半小时之久，令人毛骨悚然。

西昌当时属四川宁远府管辖，物产丰富，气候温和，还有一大地震形成的湖泊，名为邛海，周边风景美丽宜人，人称“四川的塞外江南”。但是，当地老百姓受到军阀、贵族、袍哥大爷（当地的帮会）的重重压迫，生活穷困潦倒，打冤家、抢娃子的事件不断发生。在偏远山区，百姓衣不遮体，男人大多只用前后两片布遮羞。这些风土人情，奇闻轶事，以及百姓的生活现状，父亲都记录在《大凉山彝区考察记》中，只可惜在“文革”中被抄家后遗失，失去了这珍贵的历史记录和资料。

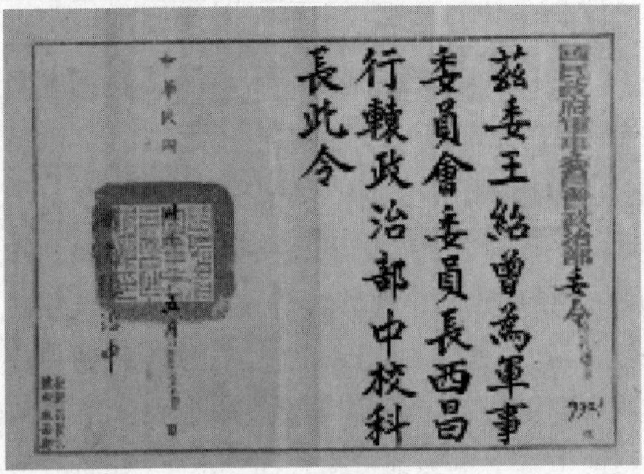
茲委王紹曾爲軍事
委員會委員長西昌
行轅政治部中校科
長此令

由张治中签发的委任令

初到西昌，父亲先是担任西昌行辕特派员办公室干事，不久后就兼任西昌宁远日报社经理，《宁远日报》是行辕的机关报，也是当地唯一的报纸，也就是现在的《西昌日报》的前身。父亲接手后，逐渐加以改进，由原来的三日一刊，改为日刊。1940年，报社从成都买来了全套的铅字和铸字机，让《宁远日报》成为一张比较像样的报纸了。同年行辕特派员办公室扩编为政治部，父亲改任宣传科科长，第二年又兼任了监察室主任。

在这期间又创刊了《新宁远月刊》，其目的是研究当时的边疆问题，将一些有关人员考察的文章再次发表，直至父亲离开西昌一共出刊了十期。

七、返蓉回渝

这样在西昌待了两年三个月，父亲还是感到西昌地方太闭塞，与外界沟通不畅。这时正好尚仁中学的校董薛禅，介绍父亲去四川省地政局担任统计室代主任，于是父亲辞去西昌行辕的工作，于1941年10月10日，沿抗战期间新修成的乐山到西昌的公路，不用再走马帮小道，赴成都上任。

1942年1月结婚照拍摄于成都

在省地政局，父亲对统计工作是个外行，就边干边学，由于工作比较认真，这一待就是三年，也算小有成绩。1942年1月，父母在成都结为伉俪，证婚人是同学张敦品和好友翁之龙，翁之龙为有名的医学专家，时任西迁同济大学校长。

到了1945年的春天，已经看到抗战胜利的曙光，父亲就开始有返回老家的打算。这时国专的校友严济宽，是国民党中央党史编纂委员会的处长，要调到教育部当训导委员，他的职位由编纂处一沈姓科长接替，而沈科长的职位空缺，于是严济宽就推荐我父亲去补缺。父亲考虑到抗战胜利后需要积攒一些回家的钱，在这里收入能好一些，就答应了严的推荐，于是在五月初再次回到重庆。

党史史料编纂委员会的办公地点在重庆的山洞亚光寺，地处比较偏僻，交通也不方便，所以主任委员张继也很少到这里来，工作比较清闲。他们编纂科的任务主要是整编孙中山编年大事记和辛亥革命烈士传记，整理孙中山逝世后到北伐这一时期的史料，就这样一直干到了抗战胜利日本投降。

抗战胜利后，父亲就整日打算着怎样回老家，这时候的国民政府急需一批收复地区的管理干部，因此就由中央党部秘书处、内政部等成立了县长遴选委员会，规定在中央部门工作的人，经部门首长担保都可以报名参加。父亲考虑到这样回老家工作就有了着落，于是报名并被选中，到了1946年的2月1日，内政部办了一个月的县长训练班，父亲如期毕业。

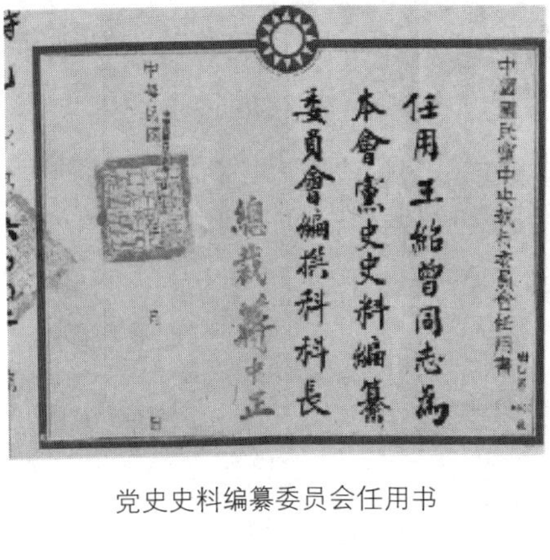
中國國民黨中央執行委員會任用書
任用王紹曾同志為
本會黨史史料編纂
委員會編撰科科長
總裁蔣中正
中華民國
年
月
日

党史史料编纂委员会任用书

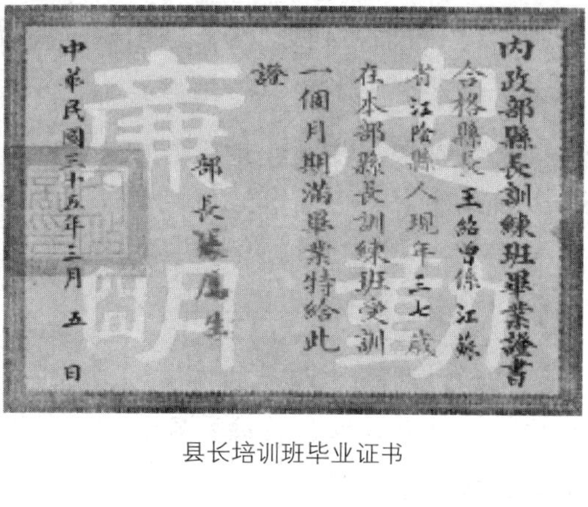
內政部縣長訓練班畢業證書
合格縣長王紹曾係江蘇
省江陰縣人現年三七歲
在本部縣長訓練班受訓
一個月期滿畢業特給此
證
部長張厲生
中華民國三十五年三月五日

县长培训班毕业证书

父亲曾经谈到在重庆的培训班期间，与进步人士、民盟的创始人之一邓初民先生的一次邂逅。那天正是一个星期日，父亲在重庆上清寺一家小茶馆与同班同学喝茶，邓先生衣着朴素，手拿一把雨伞也坐在旁边喝茶，当时他们并不相识。这时父亲正与同学议论如何当好县长之事，当说到“如果一个县长，人人说你好，不一定是一个好县长；真正好的县长，必须是地方上的坏人说你坏，好人说你好”时，邓先生从对面站起来，对父亲说：“刚才你的一番话，我非常赞同和敬佩。”

经过攀谈，邓先生了解到父亲是一介书生，就告诉父亲他是邓初民，当天刚发生“校场口事件”，他从现场夺路逃出，幸免遭殃。两人谈起时局都有同感，特别对国民党的特务统治深恶痛绝。邓先生对父亲说，他在湖北老家举荐了一个县长，此人吃苦耐劳，常常穿着草鞋下乡，结果当地政府反而说他有中共之嫌疑，给予革职查办了。邓先生说：“难道我们的县长非养尊处优不可吗？真是个笑话！”当谈到民众的痛苦时，邓先生说：“封建帝王把人民当作他的牛羊，所以地方官叫民牧，然而还要把牛羊喂饱，才会去挤奶。而现在的人民实际连牛羊都不如……”两人谈了很长时间、谈了很多问题，这次谈话给父亲留下了深刻的印象。

八、金山赴任

1946年5月底，父亲他们十余人被内政部安排回南京后，到镇江的江苏省政府报到。而当时的省主席王懋功对他们这些人并不感兴趣，就把他们安排到省田粮处去当督导，说是让他们先在这里了解一下各县的情况，等待补缺。父亲则被派往无锡地区督粮，其间正赶上农民遭受水灾，父亲从小生活在农村，知道农民的辛苦，就亲自实地调查，不怕辛苦，下乡跑了一二十天，把农民的损失情况如实上报省政府，成功为农民减免田赋一万多亩，受到当地农民的一致赞许和好评。

1947年8月17日，父亲受命赴金山县任职，当时金山是靠近上海的一个小县，十六万人口，管理乱象丛生，长期拖欠教师工资，民团到处欺压百姓。父亲到任后，首先为金山的中小学教师补发了长期拖欠的工资，并规定今后教师的工资必须放在县财政预算之首，与政府工作人员工资同时发放，不准拖欠，受到金山老师的一致拥护和赞扬。父亲严词拒绝了汉奸行贿，坚决依

1949年拍摄于上海

法罚没汉奸资产。他私访了解民情，在要道和口岸张贴县长督查告示，整肃了经常欺压百姓的保安团。在任期间他还尽自己最大的努力，与中统特务周旋，暗地护送金山简易师范学校校长、中共地下党孔德杨和另外两名进步教师离开金山，使他们免遭中统特务毒手，其间还积极参与营救金山籍民主人士沈思期等，因此金山的百姓暗地里都称这个县长是亲共的进步人士。由于父亲厌恶国民党官场的腐败，实在不愿与这些官僚特务为伍，任职十九个月后毅然辞去了县长职务。

当时许多金山百姓都有意挽留，还有位素不相识的老者送诗一首："正值莺花三月中，一官哪思去匆匆。攀辕父老知多少，争说先生两袖风。"父亲说，自己只是一介书生，由于时局的动荡才误入官场，能得到金山老百姓如此评价足矣。

另外在这里补充一下将杀害祖父凶手绳之以法的经过。父亲讲，他经多方了解落实，杀父凶手竟是"忠义救国军"澄锡虞行动总队大队长徐久玉和从犯章勤元等四人，他们在日伪时期烧杀抢掠，掳掠民脂民膏居然不被追究和制裁！于是父亲搜集了大量他们无恶不作的罪行材料，拒绝了他们的私下行贿，想法将其拘捕归案。可是这些人在地方上是多年的地头蛇和恶势力，地方的警力竟无人敢去抓捕。于是父亲只得求助于在淞沪宪兵司令部任职的同学，同学答应帮忙。于是十几名淞沪宪兵内穿宪兵服、外穿便装、持清一色二十响驳壳枪组成了抓捕队，趁徐久玉等人在镇上赌博时，突然将他们围捕，虽然行动隐秘，但还是惊动了他手下，喽啰们将宪兵围住试图阻挠抓捕，宪兵立马脱掉便装，亮出淞沪宪兵服装和驳壳枪，出示拘捕令，这些喽啰才被镇住，没敢轻举妄动，终将四犯押解归案，后来几个凶手分别被江苏高等法院判处十五年和七年徒刑不等。但是由于国民政府官员的腐败，这些家伙不断地行贿，他们并未坐满刑期就被提前释放。徐久玉这个汉奸还是在新中国成立后被我人民政府镇压处决，最终还是新中国为民铲除了这一祸害。

九、移居济南

父亲辞去金山县县长职务后，一直闲居上海，1949年初长江以南的国民党政权已摇摇欲坠，很多人都想方设法前往台湾，父亲的朋友同学也劝父母他们去台湾，当时在台北警备司令部担任要职的同学还寄来了飞台的机票，当时飞台机票可是一票难求，已炒卖到一两根金条，但他们并未所动，仍坚持留了下来。

1949年5月，父亲抱着对新中国的期盼，迎来了上海的解放。1951年2月，经著名民主人士周仕观先生的推荐，父亲进入华北人民革命大学政治研究院学习，校长是刘澜涛。

1952年革大毕业，父亲被分配到华东军政委员会教育部，再分到山东省机械工业学校（后又更名为山东机械工业学院、济南工学院），母亲和哥哥姐姐他们也一同从上海移居济南，父亲从此又回归到自己所热爱的教育事业中，母亲也在学校正式参加工作。

1951年父母在北京颐和园

来山东工作后，他们倾其所有，将积蓄和母亲所持家族企业股份的红利，合并当时面值人民币104.8万余元捐献给国家，支持抗美援朝战争，之后又将自己1116万元存款捐献给政府，支援国家建设。

在山东省机械工业学校，父亲担任语文教师兼图书馆负责人的工作。小时候记忆中，父亲每天都会抱回厚厚的一摞学生作业，认真地

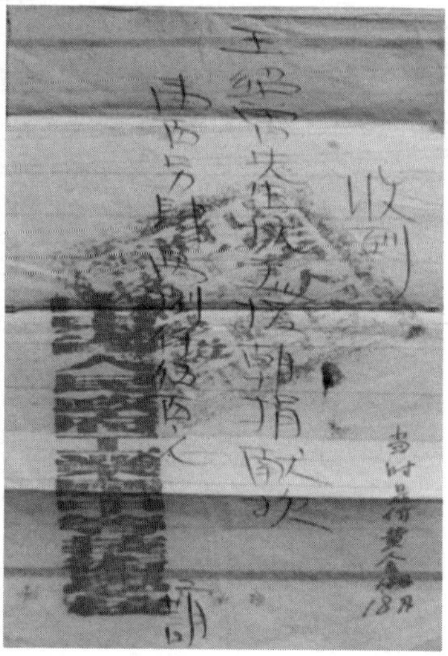

捐款收据

批改到深夜。直到晚年山机的学生来看望父亲，还每每提起父亲为他们上语文课，每篇作业上都用红笔圈圈点点，让他们受益终生。后来学校先后更名为山东机械工业学院、济南工学院，父亲也先后担任了学校图书馆委员会副主任委员、校务委员等职务。

我们当时在山机的居住条件还是比较艰苦的，住在解放桥的北边，是平房砖地，阴天下雨屋顶时常漏雨，地面非常潮湿，家里捉到蝎子蜈蚣是经常的事，记得大哥就被蝎子咬过。居住的房子没有厨房，自己在门口搭了一个小棚子，烧的是自己用煤灰做的煤饼子，刮风下雨做饭是最伤脑筋的事，当时房子后面是化工设计院，东面紧邻的是现在的省话剧院，之间相隔只有一道铁丝网，小时候我经常站在那里看他们练功唱戏翻跟头，很有意思。自来水和公厕都是露天的，得走很远的路，一到冬天特别不方便，洗衣做饭最辛苦的就算我的母亲了。

记得二十世纪六十年代三年困难时期，父亲经常一到周末，就一大早徒步到几公里以外的七里河赶大集，有幸能抢购一些胡萝卜和地瓜，那个时候这可是填饱肚子的好东西。记得小时候经常一大早，要翻过解放桥东面的山水沟，到后坡街豆腐坊排队，可买到豆腐渣，每人限量只卖给一个小坨坨，这样就可以掺上麸糠烙饼吃。后来为了能吃饱肚子，我们全家就自己开荒种地，种了地瓜、玉米、胡萝卜、向日葵，为了能让庄稼长得好，待到父母下了班，还要到厕所去抢粪，后来

1955年全家合影

种出了经验，地瓜种得又肥又大，还养了鸡和兔子，用来补充家人的营养。就这样我们逐渐熬过了那最艰苦的三年。

十、调入山大

1960年，父亲五十岁考取山东大学高亨先生的函授研究生，由于在无锡国专的经历和学识，父亲受到高先生的高度赏识，高先生曾有意举荐父亲去郑州大学讲授先秦文学，但因济南工学院校领导殷切挽留，未能成行。

1963年，父亲研究生毕业，经高先生的大力推荐，调到山东大学图书馆工作，使得父亲在无锡国专所学和他的专长才有了用武之地。

记得初到山大，住在校内的6号楼，在文史楼的西北边（现已拆除建了学生公寓）。也就是二十世纪五六十年代大多数老师所住的筒子楼，就是这样也比山机的居住条件有了大大的改善，再不用为房子漏雨犯潮发愁了，感觉可以说是天壤之别。筒子楼内每层楼住着几十家，共用一个大厨房，一到做饭的时候，锅碗瓢盆的炒菜声好不热闹，这里还是大家相互学习交流厨艺的好地方。卫生间和洗漱间也是共用，当时大家在一起都非常和谐，其乐融融。5号楼和7号楼都是学生宿舍，我们的教工楼夹在中间，小时候经常靠在窗户上看大学生们进进出出地上下课。当时称新校和老校，新校的建筑除我们居住的5、6、7号楼外，只有文史楼和后建的化学楼。而我们教工子弟上学的山大附小，就在靠近大操场的一排食堂平房里，上课都是自带板凳。

记得好多年轻教师都是从北大、人大调到山大来的，和我们同住一个楼的有后来的校长潘承洞，高高的个子，戴着一副深度眼镜，一到周末喜欢在楼东头的小阳台上打麻将。还有朱德才老师，他的绝活是拉一手非常好听的锯琴，还有祝康济老师、王守昌老师等等，那时候他们还都很年轻，有的刚成家，有的还没成家，我们这些小孩子就喜欢跑到他们的宿舍去玩，去见识一些我们从未见识到的新鲜东西，直到两年以后我们才搬到南院新建的12号楼。

当时新校初建不久，学校没有围墙，紧挨着利农庄和合线厂，只有一圈铁丝网，文史楼前面是一个梧桐树林和几个孤零零的坟堆，学校东边是砖瓦二厂，闵子骞墓是一个高高的土堆，长满了古松柏，我们小孩子经常跑到土堆上去玩。学校的北面是一片庄稼地，唯一的建筑物是历城县看守所和教堂墓地，也就是现在的历城区公安局和区政府大院，在新校可以一览洪家楼教堂的所有建筑，从新校到老校没有大马路可走，只有穿行在田间的土路，教工们在新老校之间没有交通工具，主要是靠步行。每到周末大操场都会放露天电影，我们小孩子的第一要务就是早早地搬着凳子去抢位置。

这样在山大过了一段和谐宁静的日子，好像从“四清”运动开始，政治氛围就比较紧张起来，父母每天下了班都要政治学习，回来很晚，从那时起我就慢慢学会了自己做饭，而且宿舍院里有个教工食堂，打饭也很方便，按每人的粮食计划换取饭票，现在想想粗细搭配还挺健康，大多时间都是我先去食堂打好饭或做好饭等他们回来吃。

到了1966年，“山雨欲来风满楼”，“文化大革命”的浪潮席卷全国。“文革”中父亲由于新中国成立前在西昌行辕和县长的这段历史经历，受到了多次审查，不停地反复交代，被扣上历史反革命的帽子，这始终压得他抬不起头来，并不可避免地遭到一些不公正的对待。直到后来外调的同志私下里对父亲讲，金山的老百姓对你的评价还是不错的，父亲听后回来讲，我在金山做了些对得起老百姓的事，他们是看在眼里的，对我的评价是实事求是的，这也可能是他没有受到太大的冲击原因之一吧。

“文革”时期全家合影

而抗战时期的西昌行辕是由军统掌控，父亲在西昌是否参加过军统成为怀疑的症结。当时西昌行辕主任是军统的徐远举，他是电影《红岩》中徐鹏飞的原型，四川解放前夕，和张群同乘最后一架飞机从重庆逃往台湾，在昆明机场被起义的卢汉抓捕，后一直关押在功德林战犯管理所。最后外调人员终于找到他，证明了父亲在西昌身份的清白，才免除了所有的怀疑。

所以“文革”那些年，唯有图书馆是父亲宁静的藏身之地，唯有书籍的海洋，给予他超越时空的历史使命感和顽强的生命力。

十一、老骥伏枥

在党的十一届三中全会以后，经落实政策，对父亲的历史问题给予了正确的结论。

1978年根据中央指示，《中国古籍善本书目》编写工作在全国铺开，山东大学在此之前没有善本书目，父亲从普通古籍中清理出善本约1200种，根据有关格式要求上报《中国古籍善本书目》编委会，同时编出《山东大学古籍善本书目初稿》，后来又经过其他同事的共同努力，《山东大学图书馆古籍善本书目》终于编成，为全国古籍善本书目工作的完成作出了贡献。

1978年全国高校恢复招收研究生，山大中文系殷孟伦、殷焕先先生，历史系王仲荦先生，都请父亲为其研究生开设了目录版本课程。

1979年，在学校领导的干预下，父亲终于可以重新开始他的学术研究，又一次焕发了他的学术青春，他夜以继日，废寝忘食，更加努力地工作。1981年在做了结肠癌手术并化疗三个月以后，就发表了《十八世纪我国著名目录学家周永年的生平及其主要成就》《胡适校勘学方法论的再评价》等重要论文，并开始撰著《近代出版家张元济》一书。

1991年父亲与刘心明、杜泽逊、王承略

1983年山大古籍所成立，父亲调任该所教授。1985年，古籍所招收第一届研究生班，父亲接受了培养研究生的任务，并成为指导小组成员，开设了目录、校勘方面的两门课程。研究生班毕业时，负责分工指导杜泽逊、连镇标、王君南同学的硕士论文。

1993年获国务院颁发的特殊津贴证书，2000年被学校聘为中国古典文献专业博士生导师。

后来又招收了研究生王承略，博士生孙荣耒，孙雪萍。父亲在家中给同学们上课的情景时常浮现在眼前，恍如昨日。此时父亲已年过古稀，在教学之余，以顽强的毅力，高昂的激情，拼搏的精神，完成了等身的著述，走向了事业的巅峰。

十二、再铸辉煌

这时年逾古稀的父亲深知时间的宝贵，为弥补逝去的岁月，不断地激发着自己在学术上的动力，从而进入了学术生涯中研究与创作最旺盛的时期。父亲每天早起晚睡，废寝忘食，没有节假日，匆匆行走于图书馆、古籍所和他的案头之间，多个项目同时进行，风雨无阻，无间寒暑，完全忘记了自己是个耄耋之人。记得母亲每次将饭菜放摆放好，都得反复催促好几遍，催促急了就说“怎么又吃饭？”在他的工作时间表中没有休息和节假日，连除夕夜他都在伏案疾书，直到深夜。

1984年，《近代出版家张元济》出版，1986年，该著作获山东省社会科学优秀成果二等奖。

1987年，父亲开始主编我国第一部“中国文化史知识丛书”，共30种。该丛书于1988年被评为山东省优秀图书。《中国教育报·海外版》等许多报刊称赞

父亲与张元济之子张树年先生

1989年父亲在省图与顾廷龙先生

该丛书为“历史文化的辛勤传播者”，国家教委领导充分肯定了该丛书的社会意义和学术价值，建议列为中小学教学参考书。该丛书还于1989年获上海市第二届全国优秀图书评选金钥匙一等奖。

1991年，《渔洋读书记》（与杜泽逊合辑）出版。

1992年，《山东藏书家史略》（与沙嘉孙合作）出版，1994年获山东省社会科学优秀成果二等奖。

1993年，《山东文献书目》出版，该著作1995年获山东省社会科学优秀成果二等奖，同年又获教育部全国高校人文社会科学研究优秀成果二等奖。

1995年，《近代出版家张元济》增订本出版。

1995年父亲在《四库存目丛书》鉴评会上发言

1997年父亲在北图与刘乃和、冀淑英先生

1996年2月，父亲应台湾“中央研究院”中国文哲研究所、台湾大学中文系的邀请，杜泽逊老师同行，到台湾进行历时十四天的学术访问讲学和交流，并受到台北故宫博物院、“中央图书馆”等单位的热烈欢迎。其间，孔德成先生还特别宴请，长时间交谈学术问题，为弘扬中华传统文化、加强海峡两岸学术文化交流作出了积极贡献。其间发表了《如何正确评价黄丕烈在版本学上的贡献》一文，得到台湾同仁的高度称赞，为加强海峡两岸学术文化交流作出了贡献。

2000年，《清史稿艺文志拾遗》出版（参加编纂工作的前后有张长华、沙嘉孙、苗同圃、杜泽逊、刘心明、王承略、李艳秋、程远芬等十多位同志），该著作由2003年获教育部中国高校人文社会科学研究优秀成果一等奖。

2001年，《订补海源阁书目五种》（与崔国光等合作）出版，2004年获山东省社会科学优秀成果二等奖。

2005年，《目录版本校勘学论集》出版，共收64篇论文，凡100万言。

2007年，遗作《山左戏曲集成》（与宫庆山合作，王承略协编）出版，获山东省社会科学优秀成果三等奖。记得父亲在身体欠佳住院之时，仍坚持写作审稿，经常与远在青岛的宫庆山老师探讨交流，在病房里和弟子王承略老师询问和商讨出版事宜，只可惜直到他去世也没有看到此书的出版，成为临终的唯一遗憾。

1996年2月父亲在台北与孔德成先生等合影

父亲与杜泽逊老师在台湾“中央图书馆”合影

1996年2月在台湾“中央研究院”文哲所演讲

父亲与弟子王承略博士在整理书目

十三、完成心愿

在这里要特别提到父亲在1997年至2004年主持整理张元济《百衲本二十四史校勘记》的过程，从中可以体会到父亲对张元济先生的特殊感情。能够整理完成《百衲本二十四史校勘记》，也算是他一生追随张菊老的最后的心愿吧。

据杜泽逊老师回忆，父亲在主持整理《百衲本二十四史校勘记》这件事上晚年花费了大量精力。《校勘记》173册在中华书局点校《二十四史》时曾由赵守俨先生经手借去。"文革"后父亲在一些场合呼吁整理《二十四史校勘记》，引起时任中华书局副总编辑赵守俨先生的高度重视。赵先生指示中华书局的工作人员在各处寻找《校勘记》稿本，分批归还商务印书馆。可惜有7种迄今未得下落。幸存的《校勘记》稿本133册（16种）被分批交给父亲。当时由杜老师一趟一趟用包背到济南，与父亲一起逐册清理，分辨出张元济先生亲笔和其他校史处成员汪诒年、蒋仲茀等先生的笔迹。

杜老师讲："在整理工作开始时，我们发现《校勘记》大都包括原始校记和'定本'。'定本'已删去了《百衲本》根据殿本修改过的文字内容，这些内容在原始校记中还保存着。'定本'是蒋仲茀先生根据张先生的指示办理的，所以王先生主张照'定本'整理。我提出吸收原始校记的所有内容，合二为一的方案。王先生不同意。经过反复讨论，王先生说出了这样一句话——'菊老已经这么办了，你说怎么办呢？'影印古书而改动文字，这是当代所不允许的，王先生不主张把改字的部分吸收到《校勘记》中，不无回护张元济先生的意思。'为尊者讳'应是内心的根源。但最终王先生还是同意了合二为一的方案。当时部分整理稿已交到商务，我又到商务做了一遍增补工作，才印出来。可以说，进入商务校史处参加《百衲本二十四史》校勘工作，对王先生一生的治学产生了极大的影响。"

参加这项整理工作的还有山东大学的杜泽逊、刘心明、王承略、李士彪、傅根清、徐超、王培元诸先生以及齐鲁师范学院的程远芬先生和父亲的国专同学赵荣长先生之子赵统先生，他们分别承担了各史的具体整理工作，先后

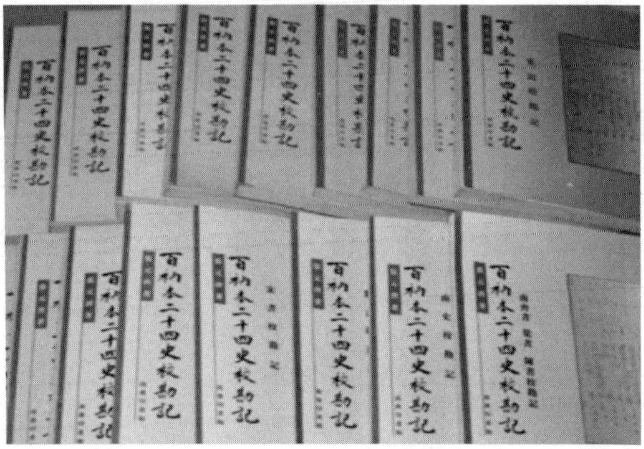

百衲本二十四史校勘记出版

历时八年，才最后完成并由商务印书馆分册出版。并于2006年获山东省社会科学优秀成果二等奖，同年获教育部中国高校人文社会科学研究优秀成果二等奖。

《百衲本二十四史校勘记》可以说是尘封了50多年才面世的，这是史学领域和版本校勘学领域屈指可数的成果。父亲早年参加商务《百衲本》校勘工作，晚年又历时八载主持整理了大部头的《百衲本二十四史校勘记》，在他的学术生涯中，可以说是闪光的一页，也是他学术成就中浓墨重彩的一笔。

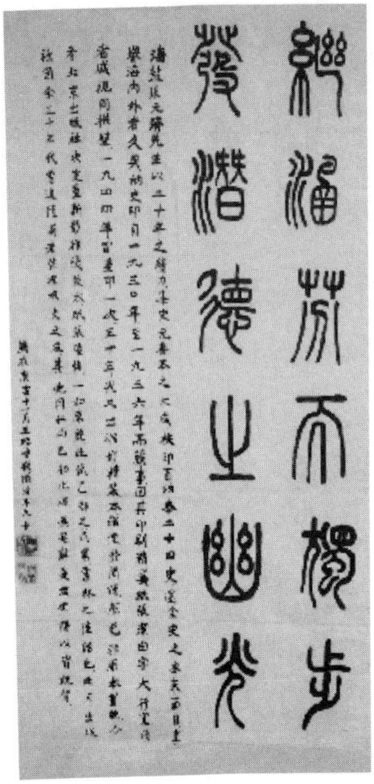
父亲九十岁时书写，贺北京出版社影印线装《百衲本二十四史》

父亲先后在1988年被授予山东省优秀科技工作者称号，2004年身为为民革作出突出成绩的成员，被民革中央评选为全国先进工作者，《人民日报·海外版》发表专文介绍了他的先进事迹。

纵观父亲的一生，从一个农家子弟走进国专学堂，有幸受教于各位国学大师，又有幸进入商务印书馆，受到张元济先生的亲自指点，他在目录版本学方面的成就和造诣得以不断提升，他本可一生从事其热爱的专业和教育事业，只可惜因为时局的突变，改写了他的人生的轨迹，在经历了抗战、内战和历次的政治运动后，一路走来历经种种曲折和坎坷。

在他人生的晚年，上苍似乎不愿淹没他的才学，再次眷顾了他。党的十一届三中全会后拨乱反正，国家的学术研究重新走上正轨，让他有机会把毕生的学问和知识奉献了出来。他深感时间

父亲晚年伏案工作照

的紧迫，以忘我的精神和超越年龄的毅力，尽其所能，把所学传授给他的弟子，把毕生的积累留在了他所热爱的学术著作中，为后学尽可能多地留下一些可学习借鉴的精髓，也为山东大学的目录版本学研究奠定了基础，并尽力为学校培养出后继的栋梁之材。他所作出的这些成就和付出，可以告慰辛勤栽培他的各位老师和大师，也为他走完为之奉献一生事业，画上了一个圆满的句号。

后　记

转眼父亲与世长辞已十六年了，父亲去世后他的弟子杜泽逊老师、王承略老师和王君楠老师一直关心着我的老母亲，并时常带厚礼上门看望，清明时节还常携他们的弟子到父亲墓前祭奠，老母亲生前一直念念不忘并为之感动，直到106岁安详地与世长辞。

2021年我写了回忆文章《我的母亲》，有幸在杜泽逊老师的国学茶座上刊出，今年在杜老师的建议下，又重新根据父亲的部分自传自述和自己的记忆整理了此文《我的父亲》，增加了一些内容和照片，由于时间的原因自述和记忆部分可能有不太完善之处，敬请谅解。另外本文部分内容，借鉴了杜泽逊老师、王承略老师纪念父亲的一些文章的内容，在此向他们表示由衷的感谢！

2023年春写于山大寓所

孙毓修稿本《江南阅书记》版本目录学价值考述

乐 怡

孙毓修（1871—1923），一名学修，字星如、恂如、恂儒，号留庵、小绿天主人，笔名东吴旧孙、绿天翁等，江苏无锡县西郊孙巷人，清末廪贡生。曾任苏州中西学院教习，后任商务印书馆高级编译。

稿本《江南阅书记》（下简称《阅书记》），成书于民国八年（1919），是孙氏于当年一月至七月间，为上海商务印书馆古籍影印工作，三赴江南图书馆校验底本时，所撰日记稿本。对此稿本的研究成果，学界已出版者有柳和城《孙毓修评传》第九章《古籍整理与版本目录学著作中》（上海人民出版社2011年版）。笔者博士论文《孙毓修版本目录学著述研究》第二章《四部举要说略》与《四部丛刊书录》中有所述及（2011年）。笔者《上海图书馆藏孙毓修稿本〈江南阅书记〉述略》（《江苏师范大学学报》2022年第6期）对此书的成书背景、内容等方面有较为全面的介绍。本文将就此稿本在版本目录学方面的价值加以考述。

一、为《善本书室藏书志》订误

孙氏《阅书记》为日记体，主要记述孙氏于当年每一次赴宁期间在江南图书馆所阅书籍概况，以及为《四部丛刊》影印拍照工作与各方联系奔波所涉人事等。其中读书札记集中于民国八年（1919）一月十五日至十八日、四月二十日至二十六日两次，共计二百五十余部图籍，尤以一月记录为多，有一百八十余部。《阅书记》对每一部书，记录其书名、卷数、册数、版本、版式等内容，有的还抄录相关序跋文字。由于孙氏当年赴宁主要目的是为商务印书馆古籍影印工作选择底本，所以《阅书记》内对相关书籍的版本信息尤为重视。因在宁期间的工作地点是江南图书馆，故孙氏在《阅书记》开头记录所带去之参考书中，有两部与江南图书馆相关的书目：

> 带去之书：《善本书室书目》八本。《江南图书馆书目》九册。（上海图书馆藏孙毓修稿本《江南阅书记》）

孙氏此处所云《善本书室书目》当指钱塘丁氏八千卷楼藏书相关目录。《江南图书馆书目》则当指清光绪宣统间铅印本《江南图书馆善本书目不分卷》一册，以及《江南图书馆阅览室检查书目九卷》八册。《阅书记》正文中还多次出现"《志》云"某某，此处《志》应即《善本书室藏书志》。说明孙氏在江南图书馆阅书时，曾将与八千卷楼、江南图书馆相关的书目、书志作为工作目录，并与调阅的书籍进行核对。其核对的成果，主要体现在对《善本书室藏书志》的订误方面。此处将首先对八千卷楼藏书以及江南图书馆早期藏书的相关书目与书志进行简单梳理，并着重介绍《阅书记》与《善本书室藏书志》的异同。

（一）丁氏八千卷楼藏书相关书目与书志

钱塘丁申、丁丙兄弟藏书及对文澜阁《四库全书》的抢救性保护，在当时已传为艺林佳话。其藏书护书三十余年的历程，《善本书室藏书志》序跋、附录，以及《八千卷楼书目》〔民国十二年（1923）钱塘丁氏仿宋版铅印本，二十卷，丁立中编〕序跋诸文，杭州丁氏家族相关史料如《丁氏宗谱》（《杭州丁氏家族史料》北京当代中国出版社影印本2016年版）中，均有详细记载。

张浚万《嘉惠堂八千卷楼记》（清光绪二十七年钱塘丁氏湖北刻《善本书室藏书志·附录》）中详细记载了有清一朝丁氏聚书之历程：始于丁丙祖父

丁国典（1770—1825），字掌六，因其慕宋时先人丁顗曾藏书八千卷，而发愿藏书，并以“八千卷楼”命名其书楼。其子丁英（生卒年待考，字洛耆）亦能继承父志，四方购求抄写，丰富家藏。传至丁申、丁丙两兄弟，已蔚成大观。清咸丰十一年（1861），太平天国与清军的交战中，杭州沦陷于战火，丁氏三代所汇藏书悉毁。为抢救同时被毁的文澜阁《四库全书》，丁氏兄弟连夜冒险回城，于瓦砾中抢出万余册阁书并妥善保存。其后，他们离开杭城，自清同治元年（1862）始，辗转于江浙沪之间，着手重罗载籍：

> 同治壬戌夏四月，尔从祖父由宁波至上海，复溯江赴如皋泰州，偶遇冷摊，辄有所获。闰八月，仍返沪。旧雨周汇西，书贾也，将回杭营葬，尔从祖父命其假惜字之举，寓搜书之计。（丁仁《八千卷楼书目·跋》）

清光绪五年（1879），谭钟麟（1822—1905）抚浙。钟麟，原名二监，字崇德、云觐，号文卿，湖南茶陵人。清咸丰六年（1856）进士。历任江南道监察御史、杭州知府、河南按察使、陕西巡抚、浙江巡抚等。有政声。有《谭文勤公奏稿》等。他推动重建文澜阁之议，聘丁丙为监督，一年工成。丁氏携书归阁，受到清廷嘉奖：

> 光绪五年，茶陵谭公来抚吾浙，谓振兴文教，莫若建复文澜。遂咨松丈，董厥阁工。踰年阁成，丈奉遗书归阁。（孙峻《八千卷楼书目·叙一》）

清光绪十三年（1887），丁申去世，丁丙开始构建嘉惠堂，将自咸丰辛酉乱后多方收集之书，分类插架，着手编纂相关藏书目，协助编纂者为其子丁立中：

> 丁亥冬，竹舟先生归道山，松生先生欷歔彖息，思有以竟其兄志，爰率中翰构嘉惠堂以识天恩，起八千卷楼以绍祖德，举重写文澜阁书之底本暨所藏群籍四十万卷有奇，分别部居，按甲、乙、丙、丁而庋之，

命哲嗣和甫孝廉编纂《书目》二十卷。其编目之例，顶格者为文渊阁著录，低一格者为《四库》附存，低二格者为《四库》未收。每书若干卷，及某朝某人撰，一准诸家之例。其板本不同者，则备载之。（罗榘《八千卷楼书目·叙二》）

按，丁立中（1866—1920），字和甫，号禾庐、慕陆。清光绪十七年（1891）举人。民国六年（1917）加入“南社”。有《禾庐诗抄》《松生府君年谱》等。清光绪二十一年（1895），丁丙拟编纂《善本书室藏书志》，协助者有孙峻、丁立中等，孙峻助其撰稿，丁立中则主要将其父所撰札记抄录成册：

乙未春，丈有《善本藏书志》之作，约峻辰集酉散，日撰解题二十部。峻常登楼择其尤者六七十种，供三日之编纂。每晨趣正修堂，丈危坐以待，及开卷检阅，靡不参伍错综，博引旁征。峻述之而丈书之，阅三年毕事。（孙峻《八千卷楼书目·叙一》）

余自丁酉秋日养疴之暇，始分别部居，谨依《四库》次第，每书列其文字异同之大致，名人收藏之源流，日积月累，札记遂多。儿子立中一一手录，裒然成四十卷，名曰《善本书室藏书志》。（丁丙《善本书室藏书志·跋》）

光绪丁酉且月，先君偶示微疾，养静松梦寮，躬自纂辑，命立中缮录排纂。（丁立中《善本书室藏书志·识语》）

按，孙峻（1869—1936），字极于，号康侯，浙江仁和（今杭州）人。通版本目录学。清光绪二十四年（1898），《善本书室藏书志》完稿，第二年邮寄湖北刊印，光绪二十七年（1901）刻成。

相较于《善本书室藏书志》，《八千卷楼书目》的定稿刊印过程则持续了三十余年，迟至民国十二年（1923）才得以铅印发布。正式刊印前的数十年中，《八千卷楼书目》以稿本以及抄本的形式，在丁氏友朋间流传，有一个阶段曾被称为《嘉惠堂藏书目》。缪荃孙对丁氏藏书目录亦多有校订，《艺风老人日记》（1986年北京大学出版社影印本）中，自清光绪二十四年（1898）闰三月廿七日始，即记录登上八千卷楼，并借书目一册。其后两日间，又记有借读《八千卷楼善本书目》《嘉惠堂书目》。此后数年间，缪氏屡屡于日记中记载向丁氏借还藏书目之事，计有三十余条。至清光绪三十三年（1907），由于江南图书馆正式购买丁氏藏书，缪氏得以对丁氏书目进行了一次较为全面的校勘，此项工作一直持续至清宣统元年（1909）八月十七日。缪氏在对丁氏藏书目录进行校勘的过程中，亦同时编纂《江南图书馆书目》，至宣统二年（1911）完成。

> 《艺风老人日记》“清宣统二年”：十二月六日，交《江南图书馆书目》于馆。十二月九日，到衙门，以《江南图书馆书目》呈堂。

目前学界对于丁氏八千卷楼藏书及相关书目的研究成果，较为完整系统者有沈新民《清丁丙及其善本书室藏书志研究》（台北汉美图书公司1991年版）、路子强《〈清史稿艺文志〉与〈八千卷楼书目〉关系研究》（2009年山东大学中国古典文献学硕士论文，杜泽逊指导）、石祥《杭州丁氏八千卷楼书事新考》（上海古籍出版社2011年版）、曹海花点校整理《善本书室藏书志》（浙江古籍出版社2016年版）等，而对于其中某一部个案研究的相关论文，较有代表性者有刘蔷《海外佚存——哈佛燕京图书馆藏〈八千卷楼藏书志〉》（岳麓书社《清华园里读旧书》2010年版）、郭明芳《“国立台湾图书馆”藏〈八千卷楼书目〉初稿复印本考述》（2014年东吴中文线上学术论文）等。

刘蔷文中所研究的哈佛藏本，即石祥在《杭州丁氏八千卷楼书事新考》中所提及长泽规矩也《关于稿本八千卷楼藏书志》中记述的稿本，刘蔷文中所过录的丁丙自序，较石祥文中之过录更为准确，对于此书为抄本的判断亦更符合实际情况。

综合上述已有研究成果，并结合《中国古籍善本书目》《中国古籍总目》及部分公藏机构书目著录情况，可对丁氏藏书相关书志、书目版本及存藏情况梳理如下：

善本书室藏书志：

《善本书室题跋》不分卷	清光绪间（1895—1897）抄本	1册	南京图书馆
《八千卷楼藏书志》（存甲、乙部经史）	清光绪间（1895—1897）绿格抄本	11册	哈佛燕京图书馆
《善本书室藏书志》四十卷《附录》一卷	清光绪二十七年（1901）钱塘丁氏湖北刻本	16册	收藏馆较多

八千卷楼书目：

《八千卷楼藏书目》不分卷	清钱塘丁氏稿本［清光绪二十七年（1901）前］	4册	南京图书馆
《八千卷楼书目》不分卷	钱塘丁氏蓝格抄本	1册	南京图书馆
《八千卷楼书目》不分卷	清光绪二十四年至二十七年（1898—1901）石印本	8册	"国立台湾图书馆"
《八千卷楼书目》	清抄本	册数不详	天一阁博物馆
《八千卷楼书目》	仁和孙氏寿松堂抄本	册数不详	浙江图书馆
《八千卷楼书目》二十卷	贵池刘氏抄本	4册	南京图书馆
《八千卷楼书目》	绿格抄本	2册	南京图书馆
《八千卷楼书目》二十卷	民国十二年（1923）钱塘丁氏仿宋版铅印本	10册	收藏馆较多

按，孙毓修于民国八年（1919）赴江南图书馆时所记带去"《善本书室书目》八本"，兹以上述二表考之，丁氏并无以此命名的书目，似因当时书目尚未公开发布亦无定名，故孙氏在记录时，较为自然地以藏书楼名来命名，从册数来看，孙氏此目似更为接近今台湾藏石印本《八千卷楼书目》。

江南图书馆接收丁氏八千卷楼旧藏之后，又陆续有其他书籍入藏，如《国立中央大学国学图书馆小史·江南图书馆咨财政公所经收范氏书籍文》〔民国十七年（1928）盋山精舍铅印本〕载：浙江归安姚氏、安徽南陵徐氏两家旧藏由学部收购后部分拨入江南图书馆；清宣统二年（1910）接收武昌木犀香馆范氏藏书四千五百五十七种，以集部书为特色。端方《两江总督端方奏江南图书馆购买书价请分别筹给片》（李希泌、张椒华主编《中国古代藏书与近代图书馆史料(春秋至五四前后)》中华书局1982年版)载：由清廷颁赠之《大清会典》《古今图书集成》各一部；接收江苏通志局(原江楚编译局)所移交图籍等。又该馆自建成之初，即屡遭裁撤合并之议，至宣统末，改名江南图书局，民国二年(1913)七月二日，再次改名为江苏省立图书馆，民国八年(1919)，该馆改称江苏省立第一图书馆(见《国立中央大学国学图书馆小史》)。时局的动荡，以及图书馆草创之初，管理章程并不严格，管理方又一改再改，导致馆内书籍存在变化损失的情况。时任江苏省省长齐耀琳于《江苏第一图书馆覆校善本书目序》中，记述了经初步核对整理，当时书目与丁氏书目的相异之处，并简单分析了原因(见《江苏第一图书馆覆校善本书目》四卷，民国七年该馆铅印本)。由此，孙毓修赴宁阅书，同时使用丁氏书目、书志与江南图书馆相关书目作为参照，是较为严谨的做法。

(二)《阅书记》与《善本书室藏书志》之比较

孙毓修在《阅书记》中共记录读书札记三百余条，其中明确与影印工作相关者二百五十一条。今将此二百五十余种书与《善本书室藏书志》比较，有二百二十八种书名相同或相近。可见，孙氏为影印底本选择而进行的阅书工作，主要还是基于丁氏旧藏善本所展开。孙氏《阅书记》主要体例为对每一书著录其书名、卷数、册数，其下小字注版本信息，次行低一字记录版式等，间有全文或部分过录原书序跋文字等。前文已述，孙氏三次赴宁，每一次停留的时间都不长，而阅书量又较大，客观造成其《阅书记》所记内容不可能有很多展开，而仅仅记录要点，但必要的核对工作及其结论还是比较明确的。

前文已述，孙氏所称《善本书室书目》并非通行的民国十二年(1923)铅印本，最为近似者为郭明芳论文中所提及之台湾藏石印本，笔者不可得见，故目前只能以刻本《善本书室藏书志》与《阅书记》相较。

孙氏《阅书记》记录信息较为简略，卷数、附录等信息有较多省略者，故与《善本书室藏书志》相核对时，判断书名相同或相近，以书名关键词或主要内容相同为标准。在书名基本相同的情况下，版本信息存在差别者有七十一条。其中经部一种，史部七种，子部二十种，集部四十二种，丛部一种。《阅书记》与《善本书室藏书志》在版本信息上的差别主要有以下两大类，一为增减信息，一为版本订误。而第一类增减信息又有五种情况：增加刻印抄校者信息、增加补刻后印信息、明确版本时间信息、增加版本所用纸张信息、版本信息简化。本节中将对第一类增减信息的五种情况依次述之，下一节将对第二类版本订误展开讨论。

1.增加刻印抄校者信息

此类情况有十五条，孙氏调阅原书后，在同意《善本书室藏书志》对于书籍版本时代基本判断的基础上，通过原书内的牌记、序跋等提供的线索，增添了相关刻印抄校者信息。

如：《韩非子》二十卷

《善本书室藏书志》	《阅书记》
《韩非子》二十卷。明刊本。 前有万历十年吴郡赵用贤撰序。又韩子总评、韩子凡例、目录五十五。每卷仍有目录，接正文，上眉列评语。乾隆二十一年，卢文弨以凌瀛初本对校。四十二年，又以冯己苍所校张鼎文本校。五十三年，以保定知府黄策大字本校，又注云：己苍以此本并叶林宗《道藏》本又秦季公又元斋本校，取芝田张鼎文刻本。张本固多脱文，然颇有好处。张本与《道藏》合者多。有“昆圃黄氏收藏图书”印，有“文弨借观”印。有“数间草堂藏书印”“卢氏藏书”“文弨校正”诸印。盖先借而后藏也。（《善本书室藏书志》册三卷十六《子部》三，浙江古籍出版社2016年版）	甲。又四册（明赵用贤刊本。卢校极精。） 冯己苍以此本并叶林宗《道藏》本，及秦季公又元斋本，校所蓄张鼎文刻本。张本固多脱文，然颇有好处，不可谓全如也。丁酉四月十日卢文弨校。谈孝廉茗村饷鲥鱼炙笋至。 张本与《道藏》本合者多，今凡张本下加员围者，谓藏本同也。内有未尽是者，非取之也。癸卯九月借《道藏》本校竟，冯汝咨并饷程凤池墨八笏、王若霖书《西园雅集记》十二幅，并水精蟾蜍研池一枚。（上海图书馆藏孙毓修稿本《江南阅书记》）

此条丁氏仅云“明刊本”，孙氏则增加了刻书人赵用贤，应是根据此书内卢文弨手跋及书前赵氏序做的判断。

曹海花在《善本书室藏书志·点校说明》内曾提到，南京图书馆藏《善本书室藏书志》刻本上批校累累，主要是由曹菊生、张荣森、汪闇、陶镕贵四人，于1960年二月至1965年八月对全书进行校勘后，由曹氏将批注意见总校后过录于原书上，另有赵万里先生在1962年用朱笔再校所增添的意见。其在点校整理时，已悉数录入原文。以下简称“曹批”。

关于孙氏在《阅书记》中对书籍版本信息校改意见的准确性，我们可以参考“曹批”，以及《中国古籍善本书目》（1989年至1998年上海古籍出版社）的相关著录来进行验证。此条《韩非子》，“曹批”云：

> 改为“明万历十年赵用贤刻管韩合刊本”，后加“卢文弨校跋并临冯舒跋”。（《善本书室藏书志》册三第639页卷十六《子部》三）

《中国古籍善本书目》著录为：

> 明万历十年（1582）赵用贤刻管韩合刻本，清卢文弨校跋并录明冯舒校，清丁丙跋。（1994年上海古籍出版社《中国古籍善本书目·子部上》第141页第1464号）

由此，可验证孙氏所添加信息的准确性。经考证，这一类十五种书中，有十二条孙氏所补信息准确，可补《善本书室藏书志》之不足，兹列如下：

书名卷数	《善本书室藏书志》版本	《阅书记》版本
《白虎通德论》二卷	明刊本	明俞元符刊本
《韩非子》二十卷	明刊本	明赵用贤刊本，卢校极精
《墨子》（存六之十五）	影写本	吴匏庵手写本
《青琐高议》十卷《别集》七卷	抄黄荛圃藏本	红药山房抄本，新抄
《楚辞》十七卷	明万历丙戌刊本	明万历间观妙斋本
《晋二俊先生集》廿卷	明正德刊本	明陆元大翻宋本
《唐元次山集》	明刊本	明德藻堂刊
《孟东野诗》	明嘉靖刊本	秦禾刊本
《唐皮子文薮》十卷	明刊本	明许自昌本

续表

书名卷数	《善本书室藏书志》版本	《阅书记》版本
《宋林和靖先生诗集》四卷《附录》一卷	鲍渌饮校正统本	康熙戊子吴趋吴调元刻本（鲍以文以正统八年陈贽刊本校）
《栾城集》五十卷《后集》二十四卷《三集》十卷《应诏集》十二卷	明刊本	明清梦轩本
《黄文献公集》二十三卷	影写明本	写本（昭文张氏影写明正统刊本）

2.增加补刻后印信息

此类情况有三条，均为孙氏在经过仔细翻阅原书后，增加了补刻、后印、补抄等信息。

如：《五代史记》七十四卷

《善本书室藏书志》	《阅书记》
《五代史记》七十四卷。欧阳修撰；徐无党注。宋庆元刊本。 唐以后所修诸史惟此为私撰……此本版之径围缩小，每半叶十行，行十八字，版心有字数、刻工姓名，“朗”“匡”等讳皆缺笔。有“庆元五年鲁郡曾三异校本”等字。其黑口之叶则元时补也。三异，字无疑，从朱子学，改订纂修皆以属之，扁其读书堂曰“仰高”，魏鹤山为记。有“虞山埜老”印、“曹炎”印、“彬侯”印。卷一后有朱笔记云：戊戌正月二十四日用叶石君所藏旧监本子对读。末有“崇祯戊寅腊月廿三日收藏”等条。（《善本书室藏书志》册一卷六《史部》一，浙江古籍出版社2016年版）	《五代史记》七十四卷（宋刊元补本）。 版心短而白口者宋刊，长而黑口者元补，亦有明补，然刻工皆精，十行十八字。宋刻有“庆元五年鲁郡曾三异校正”云云。卷一后有朱笔记云“戊戌正月二十四日，用叶石君所藏旧监板本子对读”。（上海图书馆藏孙毓修稿本《江南阅书记》）

“曹批”云：

改为“元刊明修本”。（《善本书室藏书志》册一卷六《史部》一）

《中国古籍善本书目》著录为：

宋欧阳修撰，宋徐无党注，宋刻元明递修本，清丁丙跋。（1991年上海古籍出版社《中国古籍善本书目·史部上》）

从孙氏所记录的版心细节可见，他观察得较为细致。此类之内另有两条：

书名卷数	《善本书室藏书志》版本	《阅书记》版本
《临川先生文集》一百卷《目录》二卷	元刊本。 曹批：改为宋绍兴二十一年两浙西路转运司□□刻元明递修本（卷四十四至五十二配清抄本）。	元刊明印本，两本抄补。
《吴文正公集》卅五卷《道学基统外集》三卷	明万历刊本。 曹批：改为清康熙六年活字印本。	康熙补万历本。

上述《吴文正公集》是否确为清康熙活字印本待考。

3.明确版本时间信息

此类情况有八条，均为孙氏在《善本书室藏书志》著录版本时代的基础上，添加了较为明确的刊印时间，其中可考者有五条，具体如下：

书名卷数	《善本书室藏书志》版本	《阅书记》版本
《商子》五卷	明刊本	明季刊本
《新序》十卷	明刊本	明刊黑口本，嘉靖间翻宋本
《老学庵笔记》十卷	明刊本	明季刊本
《王子安集》十六卷	明刊本	明季刊本
《荆南倡和诗集》不分卷	明刊本	明初黑口本

上表中《新序》十卷被《四部丛刊初编》所收录，《四部丛刊书录》及影印牌记均采纳了孙氏对于版本的判断，著录为“江南图书馆藏明嘉靖翻宋本”。

4.增加版本所用纸张信息

此类情况有三条，孙氏在读书札记中，常常会关注到古籍的用纸情况，这与刻本的印次，以及稿抄本的判断依据有较为直接的关系，著录用纸信息，亦可为后人在无实物的版本比对中，提供更为细节的信息。兹将此三种条列如下：

书名卷数	《善本书室藏书志》版本	《阅书记》版本
《风俗通义》十卷	明翻大德本	明刊，黄纸
《苕溪集》五十五卷《目》二卷（原阙二卷）	精抄本	绵纸黑格精写本
《夹漈遗稿》三卷	旧抄本	蓝格写本

5.版本信息简化

此类情况有二十三条，其中有九条是孙氏在记录中将版本信息略为简省了，基本同意《善本书室藏书志》对版本的判断，另有十四条是孙氏在核对过程中，对版本信息不那么确定，所以刻意将具体版本刻印时间等信息空缺，以待进一步复核，对于这一类情况，孙氏常会记录序跋、版式等信息，为后续的版本比对提供线索。如：《匏翁家藏集》七十七卷，《善本书室藏书志》版本作“明正德刊本”（《善本书室藏书志》册六卷三十六《集部》十五），孙氏《阅书记》仅作“明刊本”：

> 《匏翁家藏集》七十卷　六册（明刊本）。十二行廿四字，黄纸印，不甚清。（上海图书馆藏孙毓修《江南阅书记》）

此处孙氏对可否判断为正德刊本并无把握，故记录版式及印次，以便后续核对。除了这一条外，尚有八条如下：

书名卷数	《善本书室藏书志》版本	《阅书记》版本
《风俗通义》十卷	明翻大德本	明刊，黄纸
《曹子建集》十卷《疑字音释》	明嘉靖刊本	明本

续表

书名卷数	《善本书室藏书志》版本	《阅书记》版本
《唐刘随州诗集》十一卷	明翻宋本	明刊本
《元氏长庆集》六十卷	明翻宋本	明刊
《元遗山先生集》四十卷	明抄本	旧抄
《铁崖漫稿》五卷	张月霄抄本	抄本
《苏平仲集》十六卷《空同子瞽说》二十八首	正统刊本	明刊黑口本

有些则是孙氏并不同意《善本书室藏书志》对版本在时间等细节的判断，认为仅著录其时代更为准确。如：《空同先生集》六十六卷，《善本书室藏书志》版本作"万历刊本"（《善本书室藏书志》册六卷三十六《集部》十五），孙氏《阅书记》仅简单记作"明本"：

> 乙《空同先生文集》六十六卷（目录止六十三），十二册（明本。极好。）嘉靖九年黄省曾序（十行廿字）。（上海图书馆藏孙毓修稿本《江南阅书记》）

孙氏并不认为此书可以明确判断为万历本，为严谨起见，仅记录版本时代，这一点与数十年后的曹菊生先生所见略同，此条"曹批"云："改为明刊曹大章重修本"（《善本书室藏书志》册六卷三十六《集部》十五）。孙氏为后续复核，记录了序以及行款。除了这一条外，尚有五条如下：

书名卷数	《善本书室藏书志》版本	《阅书记》版本
《山居新语》不分卷	影写元刊本	影写本，新抄
《六韬直解》上下卷	明初刊本	明刊本
《尉缭子直解》五卷	明初刊本	明黑口本（明刊本，初印）
《陈伯玉文集》二卷	明翻宋本	明刊本
《韦苏州集》	明翻宋本	明刊本

（三）《阅书记》对《善本书室藏书志》版本订误

孙氏《阅书记》在核对书籍过程中，对《善本书室藏书志》版本判断存在明确不同意见者有二十一条，其中除了五条有待商榷外，其余十六条均对原书版本做了较为准确的判断，对《善本书室藏书志》进行了订误，兹条列如下，“曹批”与《中国古籍善本书目》的著录信息也一并备注在后，以作参考：

书名卷数	《善本书室藏书志》版本	《阅书记》版本	《阅书记》订误意见	“曹批”	《中国古籍善本书目》
《（战）国策校注》十卷	元至正刊本	明万历本	《藏书志》作元本，实明万历本。	改为明刻本。	
《吴越春秋》十卷	元刊本	明翻元本	明翻元本甚精，《志》云元刊，失之矣。	改为明刊本。	
《蛮书》十卷	聚珍版本	卢抱经校本	称《志》云：校聚珍本，然实是雕本，极精妙，不知何人所刊。	改为清乾隆活字印武英殿聚珍版丛书本，卢文弨校。	清乾隆刻武英殿聚珍版丛书本，清卢文弨校，清丁丙跋。
《中说》十卷	元刊黑口本	明刊黑口本		改为明刊本。	
《风俗通义》十卷	元大德刊本	明刊	《志》云元刊。		
《骆宾王文集》十卷	元刊本	明刊	《目》云元刊。	改为明刊本，后加赵宗建校。	
《李翰林集》	宋咸淳刊本	明刊	此明刊耳，《志》云宋咸淳本，不可解。	改为明刊本。	
《元刻李杜韩柳集》	明嘉靖刊本	元刻本		（嘉靖）下加二十二年郭云鹏宝善堂刊本	元建安余氏勤有堂刻明修本、元皇庆元年（1312）余志安勤有堂刻本。

续表

书名卷数	《善本书室藏书志》版本	《阅书记》版本	《阅书记》订误意见	“曹批”	《中国古籍善本书目》
《宛陵先生诗集》六十卷《拾遗》《年谱》《附录》	明万历刊本	康熙丁卯中八世孙枝凤刊本	《志》云万历本，此与《目》不符矣。	改为明万历四年姜奇方刊清康熙二十六年□□□重修本。	明万历四年（1576）姜奇方刻清康熙二十六年（1687）梅枝凤重修本。
《山谷黄先生大全诗注》	影明弘治刊本	抄本		改为清抄本。	
《梅溪王先生文集》五十四卷《附录》	明天顺刊本	正统刊本		改为明正统五年刘谦、何□刻天顺六年重修本。	明正统五年（1440）刘谦、何澯刻天顺六年（1462）重修本，清丁丙跋。
《秋崖小稿》	明活字印本	清初活本	《目》云明活本，似清初活本也。	明改为清，后加石韫玉校。	清活字印本，清石韫玉校，清丁丙跋。
《松雪斋文集》十卷《外集》一卷	元至元刊本	明翻元本			
《道园类稿》五十卷	影元刊本	新抄	与《目》不符。	改为清抄本。	
《玉台新咏》十卷	明正德仿宋刊本	明小字本	此明是崇祯刊本，《志》乃云“正德本”。	改为明崇祯六年赵均刊本。	明崇祯六年（1633）赵均刻本，清丁丙跋。
《子汇》	明万历抄本	明本（万历四五年周子义刊本）		改为明万历四、五年南京国子监刻本。	明万历四年（1576）至五年（1577）南京国子监刻本，清丁丙跋。

综上可见，孙氏在对江南图书馆藏书十余天的浏览核对过程中，表现出极为敏锐的古籍版本鉴别能力，较为高效地对《善本书室藏书志》在版本著录中存在的错误进行了纠正。同时，孙氏通过增加一些细节信息对《善本书室藏书志》的版本著录进行完善，如对有些没有明确证据的版本判断作了减法，仅保留最基本的版本时代信息等，均体现了他对版本著录准确性和规范性方面的关注。为我们研究《善本书室藏书志》以及江南图书馆古籍版本，提供了较为有益的参考。

二、管窥孙氏为《四部丛刊》选目及版本比勘之功

商务印书馆自清末收购原日人经营的印刷局后，即具备了扩大印刷规模的物质基础，张元济等人的加入，为商务印书馆业务拓展，作了较为全面的擘画，古籍整理影印也是这些计划中较为重要的方面。关于商务印书馆早期古籍影印工作的背景和缘起，学界已经有较为成熟的研究成果，兹不赘述。笔者也曾在《上海图书馆藏孙毓修稿本〈江南阅书记〉述略》一文中，对商务印书馆1912年至1949年出版较为重要的古籍影印丛书做过初步统计。这些丛书的筹备多始于民国初年，孙毓修有较多参与。他赴江南图书馆阅书的主要目的，就是为《四部丛刊》确定最终的选目，并商议向江南图书馆借印相关底本。

本章将主要介绍可被视为《四部丛刊》最初选目清单的孙氏稿本《四部举要说略》，并将其与《阅书记》，以及孙氏所辑《四部丛刊书录》（民国十一年涵芬楼铅印本）相对比，梳理《四部丛刊》选目日臻成熟的过程，以及孙氏在其中的版本比勘之功。

（一）《四部举要说略》成书缘起

《四部丛刊》的策划和选目工作，最早可见于缪荃孙日记，他在清宣统元年（1909）前后，曾多次向张元济建议影印古籍，此后邮件往还，叶德辉等同仁也多有倡议，民国四年（1915），商务印书馆确立了影印工作初步方案，丛书名初定为《四部举要》，《张元济日记》（商务印书馆2007年版）对此有记载。张元济委托孙毓修起草相关选目，遂有孙氏《四部举要说略》之作。

《四部举要说略》一卷，一册，稿本，现藏于上海图书馆，该馆已将此稿本数字化并以电子书形式提供阅览。黑格稿纸，半叶十行，字数不等，左右双栏，上下黑口单黑鱼尾，版心下镌“梁溪孙氏/小渌天写”，是孙毓修常用的稿纸。此书未见公开刊印之本。书首有序，此序曾发表于《申报》等报刊，柳和城《孙毓修评传·第九章古籍整理与版本目录学著作》记云：此文初刊于1915年3月11日《申报》“来稿”栏，继刊登于《小说月报》第6卷第3号（1915年3月25日）“文苑”栏。

将此序与《印行四部丛刊启》内容基本相同，比较大的改动是如下一段文字被后者刊印时删去：

> 今第一集所收，皆经史子集中之煌煌大部，人所必不可少者，数逾万卷。其他群籍，以次刊行。敝馆之意，以为有是亦足资应用求益，又不厌精详。见深见浅，随人自审。此又敝馆分集之用意也。（上海图书馆藏孙毓修稿本《四部举要说略》）

从上述这段文字可知，孙氏当时所拟尚属计划中的第一集选目，也可以被视为《四部丛刊》影印过程中的最初选目。《四部丛刊》正式印行时，已有比较完整的规划作为全套丛书的序言，故将此段删去。

序言后为《四部举要凡例十则》，简要介绍了此套丛书辑印的缘起和规划。《凡例》之后为《四部举要第一集目录》（以下简称《四部举要目》），此目已按经、史、子、集编排，子部又细分为十四个小类。共著录二百二十一种书。笔者所阅为上海图书馆所提供之稿本的数字版，未见“集部”。邓昉《〈四部丛刊〉溯源：上海图书馆藏〈四部举要说略〉简释》一文以该馆所藏原稿本为研究对象，所见有集部，收书十部。此文发表于上海图书馆《张元济与中华古籍保护研究》（上海古籍出版社2018年版）。本文内有关《四部举要说略》的统计数字和引文，均以笔者所见稿本的数字版为统计对象。

《四部举要目》内每一书有书名卷数、著者，有一百六十六部书标注了版本。书内有墨、蓝、朱笔各色粘签，字迹用纸各不相同。孙氏在《凡例》最后，以墨笔另题：

此目余所草创，以有缪筱珊、沈子培、罗叔言、傅沅尗诸人手笔，故存之。丁巳（民国六年）春日留庵书。（上海图书馆藏孙毓修稿本《四部举要说略》）

可知这些粘签的来源为缪荃孙、沈曾植、罗振玉、傅增湘，是在书目初步编成之后，依次批注在原稿之上的。邓昉《〈四部丛刊〉溯源：上海图书馆藏〈四部举要说略〉简释》一文对《四部举要说略》中缪、沈、罗、傅四位的批注意见有较为详细的过录和分析。

这份目录亦未见公开印行之本。张元济日记、信札等间有提及印《四部举要目》者，似为当时工作需要而内部印制的工作目录。《张元济日记》民国五年（1916）至六年（1917）间，有多处记载涉及《四部举要》，张氏在民国六年（1917）八月间曾改定孙氏所拟《四部举要》目录。民国八年（1919）一月，商务印书馆确定派孙毓修赴江南图书馆为《四部举要》选目。孙氏在《阅书记》开头所记录的“带去之书”中，就有“《四部举要目》一本”，此本目录当为张元济所改定之本。

（二）《四部举要目》《阅书记》《四部丛刊书录》之比较

一部大型古籍影印丛书选目数量和类型，最能体现出版社的选目方针。作为承担主要影印组织工作的孙毓修，其不同工作阶段所使用或形成的书目清单和札记——《四部举要目》《阅书记》《四部丛刊书录》——能够有幸被保存下来，可以较为完整地展示《四部丛刊》从初期到第一集（初编）出版的选目过程。以下，将从收书数量、收书种类、底本来源、版本类型等几方面，对孙氏上述三部书进行比较。

1.收书数量与种类

《四部举要目》收书二百二十一种，其中经部二十一种（含十三经），史部五十一种（含廿四史），子部一百四十九种（其中儒家十六种，兵家九种，法家四种，农家二种，医家十种，算术十种，术数两种，艺术六种，谱录一种，杂家二十八种，小说四十二种，道家十三种，理学两种，类书四种），集部暂缺。

将该目与《阅书记》、民国九年（1920）出版的作为预告的《四部丛刊目录》，以及《四部丛刊》第一集（初编）出版时随书发行的《四部丛刊书录》收书情况相比较，结果详下：

	《四部举要目》	《阅书记》	《四部丛刊目录》	《四部丛刊书录》
经	21（含十三经）	11	25	25
史	51（含廿四史）	22	46	56
子	149	56	61	59
集	缺	159	211	211

可以看到，除了《阅书记》受到一地一馆的局限之外，其余三书经、史、子各类在数量上基本保持一致，没有太大的差距。

2.底本来源

《四部举要目》由孙毓修起草，为探究其选目的最初底本来源，笔者将此目录与孙氏藏书目录、江南图书馆藏书目录、上海商务印书馆涵芬楼藏书相关数据相比较，并结合其目自注版本进行了统计。

本文所使用的孙毓修藏书目录含以下三种：《小绿天藏书志》，民国二年至十年（1913—1921）孙氏稿本，二册，上海图书馆藏。《小绿天藏书目》，民国七年（1918）孙氏稿本，四册，上海图书馆藏。《小渌天孙氏鉴藏善本书目》，民国间铅印本，一册，原书国家图书馆藏，北京商务印书馆2005年影印入《中国著名藏书家书目汇刊（近代卷）》。

经比较可见，孙氏《四部举要目》各书来源分布如下：涵芬楼藏者十九种，江南图书馆藏者四十三种，孙氏小渌天藏者四十三种，通行丛书者一百零六种。

《阅书记》录书二百五十余种，经与《四部丛刊书录》比较，最终被采用为底本印入《四部丛刊》者有三十二种，另有九十七种书被印入《四部丛刊》时，虽然书名相同或相近，但被更换了底本，来源为其他藏书家，详见下文。

《四部丛刊书录》录书三百二十五种，其中所收上海涵芬楼藏书达一百四十七种，江南图书馆藏书增至四十三种，孙氏小渌天藏书减为十七种。除了《四部举要目》中出现的这三家主要来源外，又新增海内外公私藏家三十三个，兹按藏书家或机构当时所在地，以提供底本多寡为序详列如下：

北京地区：江安傅氏双鉴楼（傅增湘）十六种、德化李氏（李盛铎）一种、武进董氏诵芬室（董康）一种、吴县许氏（许玉瑑后人）一种、玉田蒋氏（蒋式瑆）一种、北京白云观一种、北京图书馆一种、清内府一种。

天津地区：建德周氏（周叔弢）一种

上海地区：江阴缪氏艺风堂（缪荃孙）七种、南海潘氏（潘宗周）五种、海盐张氏涉园（张元济）四种、侯官李氏（观槿斋）/闽县李氏观槿斋（李宣龚）三种、南陵徐氏积学斋（徐乃昌）二种、湘潭袁氏（袁思亮）二种、秀水王氏二十八宿研斋（王荫嘉）一种。

浙江地区：吴兴刘氏嘉业堂（刘承干）八种、乌程蒋氏密韵楼（蒋汝藻）七种、杭州叶氏（叶景葵）六种、嘉兴沈氏/秀水沈氏（沈曾植）四种、乌程许氏（许玉农）三种、平湖葛氏传朴堂（葛嗣浵）二种、乌程张氏适园（张钧衡）二种、慈溪李氏（李植本萱荫楼）一种、杭州蒋氏（蒋鸿林）一种、萧山朱氏翼盦（朱文钧）一种。

江苏南京地区：江宁邓氏群碧楼（邓邦述）五种、上元宗氏（宗舜年）一种。

江苏常熟地区：古里瞿氏铁琴铜剑楼（瞿启甲）二十一种、常熟归止庵铁网珊瑚人家（归曾禧）一种。

湖北地区：武昌徐氏（徐行可）一种。

湖南地区：长沙叶氏观古堂（叶德辉）五种。

日本：日本岩崎氏静嘉堂一种。

王云五先生曾在《岫庐八十自述》(《王云五文集》江西教育出版社2011年版）一文中，对《四部丛刊初编》缩本的底本来源有过统计，因缩印本又对部分版本进行更改替换，故与本文所统计《四部丛刊书录》不同。

3.底本版本类型

在影印底本的版本选择方面，三种书也呈现出了明显的变化。《四部举要目》以通行本和丛书本为主，按孙氏已在书名下标注的版本统计，主要涉及丛书三十六部，详细如下：

> 《百川学海》本、《顾氏文房小说》本、《武经七书》本、《古今医统》本、《古今逸史》本、《子汇》本、《汉魏丛书》本、《稗海》本、《历代小史》本、《盐邑志林》本、《津逮秘书》本、《续百川学海》本、《经韵楼》本、《经训堂》本、《微波榭》本、《雅雨堂》本、《武英殿聚珍本》、《知不足斋》本、《函海》本、《抱经堂》本、《岱南阁》本、《平津馆》本、《文选楼》本、《佚存丛书》本、《学津讨源》本、《石研斋》本、《士礼居》本、《艺海珠尘》本、《墨海金壶》本、《守山阁》本、《指海》本、《珠丛别录》本、《小万卷楼》本、《古逸丛书》本、《铁华仙馆》本、《随庵丛书》本。

除《百川学海》为宋本以外，其余大多为明、清丛书。

《阅书记》皆为善本，其中抄本五十五（明抄七，清抄三十九，时代不明抄本九）；刻本一百八十八（宋五、元十八、明一百五十四、清八、日本一、时代不明刻本五），活字印本五（木活字三、铜活字二）。二百五十余种书中，三十七种有批校。

《四部丛刊书录》底本收录更广，其中稿抄本五十一（元一、明六、清四十四）、刻本二百五十四（宋四十、金二、元十八、明一百四十四、清四十三、民国二、日本二、高丽三）、活字十八（明八、清七、高丽一、日本二）。值得关注的是，收录了晚清著名藏家以宋本为底本的抄本和刻本，如：唐玄宗御注《孝经》一卷，使用了江阴缪氏艺风堂影宋抄本。或者比对众本经过校勘而刻印的足本，如：清吴伟业《梅村家藏藁》五十八卷《补》一卷《年谱》四卷，使用了“董氏新刊足本”。按，“董氏”即武进董氏，董康（1867—1947），字授经，号诵芬主人，江苏武进人。家富藏书，好刻书。

（三）从《阅书记》看《四部丛刊》选目方针之变化

通过前一节的比较，《四部丛刊》选目变化过程，在孙氏不同工作阶段所留存的目录中，可以较为清晰地呈现。收书的数量和内容类型分布方面，没有太大的变化，而主要体现在底本版本的选择上。

《阅书记》所记录各书，多为善本，与《四部举要目》相较，已经有了较大的变化。《四部举要目》在底本的选择上，主要关注书籍内容在学术研究方面的代表性，即是否学者日常必备书，以《四库全书》《书目答问》等为参考，正如其在《凡例》中所言：

> 此书抉《四库》之菁英，益以鲁殿金丝之逸简，名山后起之藏书，共得五万余卷，分四集刊之，应有之书，当无不具备矣。（上海图书馆藏孙毓修稿本《四部举要说略》）

这一“必备”性，在《四部丛刊》影印选目过程中是一以贯之的，前后虽然几次更换底本，但始终坚持底本内容上的代表性。

从底本来源方面来看，《四部举要目》在选目上更倾向于就近、易获取的原则，以涵芬楼藏书和孙氏自己的藏书以及通行本丛书为主。这体现了孙氏早期拟目，是建立在自己能够目验的基础上，重视有实物依据。目录初拟后，张元济曾将此目发给同道学者征集意见，所以现在这份稿本上有多人粘签批注，这些批注比较集中的建议是希望商务印书馆能借此机会，影印善本，而非通行的丛书本。这些善本有较大一部分在商务印书馆并没有收藏，这也令《四部丛刊》底本来源选择方针从主要侧重商务印书馆内部藏书的经济、就近原则，转向出版社以外。很多学者愿意提供自己的收藏，或者提供这些善本的藏家信息。因江南图书馆是当时公藏机构中，收藏善本最多的图书馆，遂成为首选之地，这也是孙氏《阅书记》成书的直接原因。孙氏在江南图书馆非常高效地浏览了二百余种善本，从《阅书记》的札记来看，其中有一部分是根据《四部举要目》粘签建议而验证底本价值。江南阅书的同时，商务印书馆也将目光放到其他来源。易代之际，很多藏书家避居沪上，为商务印书馆商借底本提供了极大的便利。从上一节统计数据可见，《四部丛刊书录》底本来源，当时在上海的就有七家。明清以来，江南地区藏书蔚成风气，江苏、浙江两地集中了较多藏书大家，《四部丛刊书录》中来源于这两地的有十四家，此外还有京津地区等。底本来源范围的扩大，为校勘众本提供了可能。孙毓修在此过程中，与各地藏书家也多有书信往来，讨论书籍版本，这些书信有的可在张元济日记和书信集、缪荃孙日记等找到踪迹，也有部分稿本被保留下来并结集整理影印出版。如马骥《孙毓修友朋手札》（2020年国家图书馆影印本），保留了孙氏与藏书家宗舜年、徐乃昌、瞿启甲、徐恕等学者的往来信札，这四位藏家都曾为《四部丛刊》提供过底本。另，上海图书馆藏有稿本《孙毓修亲友书札》二十册，柳和城在《孙毓修评传·第九章古籍整理与版本目录学著作（中）》曾述及并引用。此稿本于2023年8月由广西师范大学出版社影印出版，丁小明、柳和城、叶新任主编，名《上海图书馆藏孙氏友朋尺牍》。

从底本版本类型来看，上一节的统计中可见，《四部举要目》以明清以来通行本丛书为主。经多方听取学者们的建议后，《阅书记》即以善本为主要调查对象，这是《四部丛刊》选目过程中一次比较重大的改变，也直接决定了《四部丛刊》最终出版后的影印质量。《阅书记》所选版本，以刻本为主，兼顾稿抄本，同时收录了几部活字印本，且以时间早晚、内容完整程度为重要判断依据。成书时代方面，刻本以明代为多，稿抄本以清代为多，同时，对批校本也比较关注。《四部丛刊书录》延续了《阅书记》所体现的以时代早、内容完整的善本为底本的方针，以刻本为主，稿抄本为辅，活字本和域外刻本都有增加，且新增了当时藏书家的抄本或刻本，因其抄校时所用底本精善或以足本刊刻。可以看到，选目的范围更进一步扩大，视野也更开放，从版本的多样性角度而言，更为完整，为读者提供了各时期各类型版本的范例，亦体现了《四部丛刊》在版本学上的价值。

兹以《说苑》为例，看它在《四部丛刊》底本选择过程中所发生的变化：

> 《四部举要目》：说苑二十卷，汉刘向撰。《汉魏丛书》本。（上海图书馆藏孙毓修稿本《四部举要说略》）

原稿此条上有蓝笔粘签，应为傅增湘批注，云：

> 《说苑》若别无善本，可用何良俊刻本，亦胜程刻。（上海图书馆藏孙毓修稿本《四部举要说略》）

此条傅氏不建议使用《汉魏丛书》本，而是对明何良俊本更为推荐，但同时也建议再找找是否有其他版本。孙氏在江南图书馆调查底本时，发现有两部《说苑》，一为明刻本，一为元刻本，遂记录如下：

> 《刘向说苑》二十卷，二册（明刊校宋本。校甚略。阙十一之十五。）宋本九行，行十八格（朱笔在卷首）。
>
> 《新刊刘向先生说苑》二十卷（元刊小字本，阙六叶）。目录后有牌子，已挖去。半页十二行廿四字。中缝题“刘向说苑”四字，在黑口上。卷尾有图画：一人坐石洞中，手抱书卷，洞外三人拱手拾阶而进，一人作引进之状。盖文翁石室图也。上有白文横列“西园堂”三字。（上海图书馆藏孙毓修稿本《江南阅书记》）

从孙氏上述记录来看，江南图书馆所藏这两部《说苑》，虽然在版本时代上较早，但明刻本校对不严，元刻本内容有缺，皆非理想的底本。经继续访求，《四部丛刊书录》中所使用底本更换为明抄本，其提要云：

> 《说苑》二十卷，六册。平湖葛氏传朴堂藏明抄本。汉刘向撰。前有曾巩序，序后接目录及刘向“进书状”。每叶十八行，行十五字。明人精抄本。取校别本，卷四《立节篇》多“尾生殺身以成其信”一句；卷六“阳虎得罪”条多“非桃李也”四字；“晋赵盾举韩厥”一条下，多“蘧伯玉得罪于卫君”一条（黄荛圃《题跋记》所云“木门子高”一条，即“蘧伯玉”之后半节，此本亦有）。黄荛圃云，“‘非桃李也’四字，宋咸淳以下刻本皆阙，惟北宋本有之”。（复旦大学图书馆藏民国十一年涵芬楼铅印本《四部丛刊书录》）

从孙氏这段提要可见，此部《说苑》为明人以宋本为底本录副之本，孙氏用其他版本比对后发现，其所用底本很可能是时代较早的北宋刻本。仅从《说苑》这一部书，就可以体会商务印书馆在《四部丛刊》影印底本选择的方针，日臻精益求精，而作为经办的孙毓修，在此过程中亦承担了主要的版本访求、众本比勘工作。非常可贵的是，孙氏在其工作的每一个阶段都有所记录，使我们得以从这些札记中还原《四部丛刊》选目方针的变化发展过程。

三、以书存人，以人存书

孙氏《阅书记》在记录所阅读古籍的书名、著者、版本、册数这些基本信息以外，还对书的收藏人或校者的手跋信息、原书序跋等信息进行记录，于江南图书馆藏书以外，对他在南京期间所读到的其他书籍也都进行了记录。体现了非常良好的版本目录学治学习惯，以及传统的以书存人，以人存书理念。

（一）《阅书记》所录书名

经统计，《阅书记》所记书名共计三百零八条，与商务印书馆古籍丛书影印相关的二百五十一种以外，尚有五十七条，系孙氏于《阅书记》内所记录赴宁时带去参考书，阅书之余校勘之书，以及在南京旧书肆所见之书等。有些看似随手所记的散叶，也有其文献价值。如，原稿七月五日那一页内，夹有一纸，上书：

> 《盋山志》《盋山诗文录》《天东联唱》，以上三种已刊成。《盋山诗文续录》《盋山谈艺录》《台北战守记》《辽阳闻见录》《盋山怀旧录》，以上皆未刊。（上海图书馆藏孙毓修稿本《江南阅书记》）

按，这些书皆为顾云所撰辑。顾云（1845—1906），字子鹏，号石公，江苏上元人。工诗文，擅画。以现有公私目录检索，孙氏所记上述书单中《盋山志》八卷，有清光绪九年（1883）金陵盋山精舍刻本。《盋山文录》八卷诗录二卷，有清光绪十五年（1889）南京刻本。《盋山谈艺录》有清宣统二年（1910）两江法政学堂刻本，孙氏当时可能未见。《辽阳闻见录》二卷，金毓黻辑，有民国二十至二十三年（1931—1934）辽海书社铅印本，已在孙氏去世之后。其余未刊者，均未见著录。孙氏这一页笔记，可为研究顾云著述提供重要线索。

孙毓修本人亦藏书，在南京期间，他也曾抽空去南京夫子庙附近旧书铺较集中的状元境、贡院西街等，《阅书记》也记录了当日所见之书，其文云：

（六月十九日）八点，佐禹至……同至状元境阅市。

嘉靖本《王文忠集》，廿四本（大小四十元，还廿六元）。抄本《正续古文辞类纂》（七十元，似是姚氏手稿）。

明翻元本《参同契》，二册，廿元，未买。《听秋馆词话》，四本。已上在萃石山房。二种共卅元。

张古余翻宋《礼记》，四本，卅二元，还十元。《思补斋文集》，四本。《徐积孝集》，四本。已上在天禄山房，刘姓。三种共廿二元。

相台本《礼记》（武英殿初印）。

唐抄《韦斋集》，六册（结一庐印）。已上在贡院西街。（上海图书馆藏孙毓修稿本《江南阅书记》）

经与孙氏藏书目核对，上述诸书中，见于《小绿天藏书目》（上海图书馆藏孙毓修稿本，四册）者有：

《大戴礼记》十三卷，汉戴德撰，四册，明嘉靖癸巳袁氏嘉趣堂翻刻宋本。

《徐积孝集》。

见于《小渌天孙氏鉴藏善本书目》者有：

《王文忠公文集（王忠文公集）》，明王祎撰，十二册。嘉靖本，白绵纸。

《听秋声馆词话》，清丁绍仪撰，四册。

同时被以上两部藏书目记录者有：

《思补斋文集》四卷，清刘星炜撰，四册。原刊本。

说明孙氏最终确实购买了上述五部书。这为研究孙氏藏书活动及其藏书来源，提供了第一手数据。

(二)《阅书记》所录人名

《阅书记》在记录书名的同时，对与古籍相关的人物，也进行了记录。经初步统计，《阅书记》内不重复人名有二百五十八个，主要可分为书籍作者、序跋作者、刻书人、藏书人、抄校评点人、刻工、古代学者、手工艺人、当代人等。

书籍作者四十五人，从汉至清，随书而录。

序跋作者四十九人，为孙氏所记录该书原序跋作者或手跋作者。

刻书人七十三人，为孙氏所记录书籍之刻印责任者。有的直接过录自卷端次行责任者信息。如：

> 《范德机诗集》七卷，二册(元麻沙本)。十一行二十字，首题“临川葛雝仲穆编次，儒学学正孙存吾如山校刊”。黄纸不清。(上海图书馆藏孙毓修稿本《江南阅书记》)

有的是在版本考订过程中，记录另一版本的刻书人，为此书的考证提供更多信息，如：

> 《璧水群英待问会元》九十卷，卅六册(《志》云宋刊)。……嘉靖壬辰慎独斋刊有八十二卷本，乃正德四年王敕所序，沈淮所校，以有残阙，名曰《选要》，已非原帙。(上海图书馆藏孙毓修稿本《江南阅书记》)

藏书家四十一人，为孙氏在简述书籍流传原委时所涉及藏书人。如：

> (韩非子)又四册(明赵用贤刊本。卢校极精。)冯已苍以此本并叶林宗《道藏》本，及秦季公又元斋本，校所蓄张鼎文刻本。(上海图书馆藏孙毓修稿本《江南阅书记》)

此条记录了三位藏书人，即冯舒、叶奕、秦四麟。

抄校评点人七人，为孙氏所记录一书之抄写、校勘或评点人。孙毓修对附有批校的书尤为关注，可能是出于自身校勘书籍的需要，遇到有批校者，即进行考证和记录。如：

> 《江月松风集》十二卷《补遗》，二册（曹倦圃抄本。朱竹垞、吴石仓、吴绣谷、汪鱼亭校）。（上海图书馆藏孙毓修稿本《江南阅书记》）

此条著录了四位批校者。

刻工四人，为孙氏所记录之书籍刻工。有从书籍牌记上获得信息，进行记录者，如：

> 《庾开府集》六卷，三册（明本。寸。有诗无文）。明朱曰藩序，比朱子儋本多二卷。末有亚字印云"吴下马相、陆宗华写刻"。（上海图书馆藏孙毓修稿本《江南阅书记》）

这些信息可为后续版本的比对提供线索。

古代学者二十三人，为《阅书记》中所记录一书版本或内容撰写相关考证著述之人。这些人物有的与此书版本和内容并没有太大关系，但可以丰富读者见闻。如：

> （《韩非子》）又四册……癸卯九月借《道藏》本校竟，冯汝咨并饷程凤池墨八笏、王若霖书《西园杂记》十二幅，并水精蟾蜍研池一枚。（上海图书馆藏孙毓修稿本《江南阅书记》）

此条内冯氏、王氏皆属孙氏作为读书时所获得的额外信息进行记录者。

手工艺人三人，为孙氏所记录之书画家、制墨工匠等。如上述"《韩非子》条"中提到的程凤池，即为安徽歙县人，以制墨为业。

当代人十三人，为《阅书记》内出现的孙毓修于商务印书馆之同仁，江南图书馆工作人员等。如张元济、高梦旦等。为研究相关人物的生平，提供了可贵的资料。如：

（六月廿八日）偕周子美游朝天宫、莫愁湖。（上海图书馆藏孙毓修稿本《江南阅书记》）

周子美出生于清光绪二十二年（1896），彼时正值二十余岁，与孙氏在南京同游的经历，正可补二人之交游。

（三）《阅书记》所录序跋

《阅书记》著录序跋者有八十二条，其中记录手跋者二十三条，其余五十七条为原书刊印序跋。有的仅仅记录了序跋篇名，有的则做了摘句甚至全篇过录。手书题跋中，摘录文本的情况比较多。如清初抄本《五代春秋》：

《五代春秋》上下卷，一册（叶林宗抄本）。

叶氏手跋云：丁亥冬十一月初九日黄昏，假得冯巳翁，即夕挥毫，漏三下录完。林宗志。

邵氏手跋云：薛氏《五代史》叙事详核，而“帝纪”未免冗烦。尹师鲁《五代春秋》书法谨严，欧阳史“帝纪”所仿也。论者多病其太简，然于十国兴废，大事必书，视欧阳史之不载于纪者，为得史法矣。传写多脱误，鲍君以文叶石君抄本见示，因取卢弨弓先生校本对勘，参以旧时所见本，为校正四十一字。至“张颢”作“灏”、“汉谷”作“幕”，薛、欧二史本有异同，今仍其旧云。邵晋涵识。

赵氏手跋云：乾隆丙午闰月，从知不足斋假阅，复为校正数字。裹玉。（上海图书馆藏孙毓修稿本《江南阅书记》）

又如清黑格抄本《铁崖诗集》：

《铁崖诗集》十卷，一册（抄本黑格）。甲至庚题《铁崖诗》。辛至癸题《草元阁》。未集卷首题“孙月泉辑录”，末录黄荛圃跋，谓“所录诗篇不特《东维子集》二卷，诗有不符，即吴复所编《古乐府》，章琬所集《复古诗》亦不尽合，当是别据旧本。此分甲至癸为十卷，与章琬分年诗十卷卷数合，不知是一是二，俟详考之”。（上海图书馆藏孙毓修稿本《江南阅书记》）

从以上两书所过录手跋可见，孙氏对与书籍版本判断有密切关系的手跋尤其关注，即便在阅书时间非常有限的情况下，依然不厌其烦地进行过录，这也为他后续四方访书，并进行版本比对提供了重要的参考依据。

孙毓修在商务印书馆早期古籍影印工作中，孜孜以求，积累了大量读书札记。《江南阅书记》即为其中较为完整并有系统的一部。从这部书我们可以看到，孙氏以其作为版本目录学学者的敏锐，对既有目录学著作《善本书室藏书志》进行了纠谬，为《四部丛刊》影印选目作了大量调查，同时，对所遇古籍的书目、版本、所涉各方面的人物，以及批校题跋等，都作了数量可观的记录，且已经关注到了书目记录的规范性，形成了一定的体例。在清末民初易代之际，孙氏依然能够坚持传统目录学理念，在为古籍续命的同时，他自身的学识也得到了滋养，而他的记录，也可以继续为后世提供非常可贵的版本目录学参考。从这个角度而言，《江南阅书记》已经超越了普通的日记或读书札记，可以被视为一部较为重要的版本目录学著作。

（本文系上海市哲学社会科学规划一般课题“《江南阅书记》整理与研究”资助，课题批准号：2019BWY004）

（作者单位：复旦大学图书馆古籍部）

“潜龙勿用”思想的历史诠释和现实价值

——以程朱为例

王占彬

“潜龙勿用”是乾卦初爻爻辞。如果把乾卦之龙比作太阳，那么太阳未出东方，藏于地平线之下，即为“潜龙”，这时不应轻举妄动。“勿用”一词有多重含义：不要用、没有用、不能用、不去用、不可用等。“勿用”不是说没有利用价值，而是说这条龙尚在潜伏中，价值尚未显露，但其自身本有无穷无尽的价值。如“卧龙”诸葛亮在三顾茅庐之前躬耕南阳、隐居不出；如孔子“少也贱”“不试”（《论语·子罕》）的处境，也是“潜龙勿用”的表现。“勿用”不是对自身价值的否定，而是用而不用、似用非用的状态。潜龙自身隐藏无穷的价值，如同“求善贾而沽”（《论语·子罕》）的美玉，在“沽”之前它是无价的，一旦被卖掉使用，其价值就被固定了。如果说龙代表人生运势，那么“潜龙勿用”就揭示了一种低调、不争的生存之道。阳气将萌未萌之时，处卦之下，代表圣人隐而未显，无所施行。潜龙暂时藏在海底，未能腾飞，但时机一到，必有“见龙在田”甚至“飞龙在天”之日。“潜龙勿用”一词在生活中耳熟能详，对人们的行为选择产生了潜移默化的影响，故研究其背后深刻的哲学内涵和思想来源有重要的理论和实践价值，但现在关于“潜龙勿用”的专门探讨还不多，本文试着分析前人之义，以求教于方家。此文以程朱的诠释为中心，来梳理和分析“潜龙勿用”的义理思想，以揭示此爻辞对历史与现实的价值和启发。

一、潜而不行，行而未成：《易传》中的两层含义

《易传》对“潜龙勿用”的解释有五处，分别是：

> “潜龙勿用”，阳在下也。
>
> 初九曰“潜龙勿用”，何谓也？子曰：“龙，德而隐者也。不易乎世，不成乎名，遁世无闷，不见是而无闷。乐则行之，忧则违之，确乎其不可拔，潜龙也。
>
> “潜龙勿用”，下也。
>
> “潜龙勿用”，阳气潜藏。
>
> 君子以成德为行，日可见之行也。‘潜’之为言也，隐而未见，行而未成，是以君子弗用也。

龙代表阳气，“潜龙”是阳气居下、潜藏、微弱的象征。此时阴盛阳衰，应当不强为、不妄为，即是“勿用”。《文言》第二节引用孔子之语是说君子如龙，有德性且隐居不出，无忧无虑，志向坚定。孔子的解释发挥了新意。君子有龙德，如孔颜乐处，虽居下位而不改其乐，与世无争，清心寡欲，自强不息。潜龙以成德为目的，所成之德是自强不息之乾德。龙象征乾道，龙的运行代表乾道变化的有序过程，代表宇宙万物的发展规律，“潜龙勿用”则是表示事物发展的初级状态。物之生意初露端倪，如天之黎明，距离鼎盛尚远，一旦贸然行动就有咎害，故不能剧用。阳气极盛而衰、衰极而盛，自有其规律，万物生长都遵循此天道。初九是阳气萌发之初，故应潜藏、沉潜，如果违背万物生长的固有规律，就会遭遇灾祸。静水流深，内心安宁，独立自由是潜龙之德性，“潜龙勿用”与“君子慎密而不出”（《周易·系辞上》）、“君子藏器于身”（《周易·系辞下》）同理。历史上楚庄王、齐威王“一飞冲天”“一鸣惊人”的典故就是“潜龙勿用”之表现。此理在历史上多有体现，但凡一国家建立之初，都需有潜龙勿用、韬光养晦的阶段，以休养生息、恢复实力。

在《文言》对“潜龙勿用”的解释中，第二节的意思是避世而不行动，遁世无闷，第六节是行动而未获成功。前者是未行之“勿用”，后者是行而未成之“勿用”，二者似乎有些矛盾。但这两处解释可以互相补充，综合来看是说：在时机未成熟时，切勿妄为，最好潜隐不行；如果行而未成，不被重用，也应收敛、身退。这两句对“潜龙勿用”的解释可以说是一体两面。第二节是说君子有龙德，能乐天知命、坚韧不拔、逍遥豁达，达到“乐则行之，忧则违之”的洒脱悠然、率性而为之境。此节诠释偏于“潜龙勿用”之潜藏、避世、不行动的一面，有着道家思想的出世意味，但也体现儒家的“舍之则藏，用之则行”（《论语·述而》）的自由精神。第六节强调行动，行动的内容和目标是成就德行，君子要进行道德践履，若德未显露而行动未成，就不被重用。两处解读中，第二节侧重潜而不行，第六节侧重行而未成。“潜龙勿用”可理解为独善其身而不行，也可理解为行德而未成。但二者皆以行德为目的，为了德可以避而不行，也可以行而不成。君子行德若不成功，就应当“勿用”，而“勿用”的目的是通过潜藏来彰显乐天知命、自强不息之志。“潜龙”之所以“勿用”，是其环境、条件、趋势的要求，若敌方势力正值鼎盛，己身不能以弱胜强，就应收敛锋芒。“潜龙勿用”属于“遁世无闷”“行而未成”的一面，接下来的“见龙在田”“夕惕若厉”“或跃在渊”“飞龙在天”“亢龙有悔”属行动一面，此为静而后动、隐而后显。“潜龙”还无法担当教化百姓、平治天下的任务，是自我修为、静以待动的阶段，即修己而待安人，成己而待成物，明明德而待亲民，也是“穷则独善其身”（《孟子·尽心上》）之境遇。《诗经》说：“既明且哲，以保其身。”“潜龙勿用”正是既明哲又保身的阶段：一要保存自己，积蓄实力，收敛归藏；二要身退以存养德性，“以成德为行”。

孔颖达也从自然、历史、道德多重角度解释初爻思想。他说：“天之自然之气起于建子之月，阴气始盛，阳气潜在地下，故言‘初九潜龙’也。此自然之象，圣人作法，言于此潜龙之时，小人道盛，圣人虽有龙德，于此时唯宜潜藏，勿可施用。”〔（魏）王弼、（晋）韩康伯注，（唐）孔颖达疏，于天宝点校《周易注疏》，本文《周易注疏》皆采用此版本，具体信息下文不再赘述〕在自然，龙指自然的变化之气，初九是建子之月，即农历十一月；在人事，龙指圣人和圣德，初九是小人道盛时。当小人气势正盛，君子不宜施展才用，因为寡不敌众，弱不胜强，故应该先保全自身而后伺机而动。如汉高祖刘邦在秦时为亭长，这是潜的例子；又如舜能被尧所重用，则是因为在尧之世君子道盛而小人道消，这是不潜的例子。龙德是在世俗中择善固执，贫贱不移，“不移易其心”，“不易本志”（《周易注疏》）。潜之德就是不伐善，不慕荣利，“不成就于令名使人知也”（《周易注疏》），同时有“无道则隐”（《论语·泰伯》）的智慧，面对乱世而能适时身退，又心无忧虑，不因世俗之浊流而生怨恨、愤懑，“举世皆非，虽不见善，而心亦无闷”（《周易注疏》）。潜藏的君子充满着乐观精神，能安贫乐道，寻孔颜乐处，这集中体现了儒家之乐感文化，孔颖达说：“心以为乐，已则行之；心以为忧，已则违之。”（《周易注疏》）随心而行，不违本心，安乐逍遥，此精神对后世无数儒者有深刻影响。这是潜龙“遁世无闷”的一面。君子内心喜乐，不仅是因为潜藏避世，更是因为心志在守道，坚韧不拔，坚定不移。守道即是成德，孔颖达说：“君子之人，当以成就道德为行，令其德行彰显，使人日可见其德行之事，此君子之常也，不应潜藏。所以今日潜者，以时未可见，故须‘潜’也。”（《周易注疏》）君子需要时时刻刻进德修业，以成就德行，让德行彰显，日日精进是君子之责任，而潜龙是说此时德行还不能被世人所见，君子之德潜隐而行动没有成就，此时阴长阳消，所以于时不用，这是潜龙“行而未成”的一面。孔颖达认为，君子的一切行动皆是以成德为根本，成德即是行，即“成就道德以为其行”（《周易注疏》），而不是以“成德”为内，以“为行”为外，将“成德为行”分为两截，这体现了德与行、内与外的统一性。

二、圣人之德守其道：程朱对“潜龙勿用”的创造性诠释

程颐更多从道德层面诠释初爻，他说：“初九在一卦之下，为始物之端，阳气方萌。圣人侧微，若龙之潜隐，未可自用，当晦养以俟时。”乾卦之象为龙，龙是阳气的形象化表达，是出神入化、神不可测之物，象征君子、圣人之大德。阳气运行的规律是由衰到盛，再由盛变衰，如此循环不已，潜龙

是阳气渐生、万物开始之时。圣人的行为顺应乾道之变化，初九是天地万物生长的始端，阳气刚刚萌发，此即圣人沉潜之时。圣人在初九实力微弱、德行不足，应像潜龙一样韬光养晦，等待时机。“勿用”是说君子治天下的时机尚不成熟，不能轻举妄动，必须隐忍潜藏、积蓄力量，以待日后大用。程颐又说：“阳气在下，君子处微，未可用也。”〔（宋）程颐著，王孝鱼点校《周易程氏传》，本文《周易程氏传》皆用此版本，具体信息下文不再赘述〕“阳气在下”如同龙潜于水下，阳气潜藏而不可剧用。君子实力尚未强大，在下位而无用武之地，故说：“方阳微潜藏之时，君子亦当晦隐，未可用也。”（《周易程氏传》）程颐解释《文言》第二节说：“初九，阳之微，龙德之潜隐，乃圣贤之在侧陋也。守其道，不随世而变；晦其行，不求知于时。自信自乐，见可而动，知难而避，其守坚不可夺，潜龙之德也。”（《周易程氏传》）君子有阳刚健动之德，又处隐伏潜藏之境，故为“德而隐者”。龙德就是圣贤之德，当天下未得光明时，圣贤应坚守正道、危言危行、独善其身，同时又自信自乐，安贫乐道。君子虽处下位，但不执着于外物，依然自得其乐、乐以忘忧。“见可而动，知难而避”是一种无可无不可的权变智慧，也是“乐则行之，忧则违之”的守道精神。程颐所说的“晦养以俟时”揭示了“时”的智慧，“时”就是事物发展的客观形势、情境，时止则止，时行则行。君子之道是不沉溺世俗，不随波逐流，但君子的行止、动静要随时而变，与时偕行。程颐对《文言》第六节解释为：“德之成，其事可见者，行也。德成而后可施于用。初方潜隐未见，其行未成。未成，未著也。是以君子弗用也。”（《周易程氏传》）行动的选择取决于德，德性成熟时就可行、可用，德性未明则潜隐而勿用，如同修己以安人、安百姓，身修而后家齐、国治、天下平的道理，修德是行动的前提，德之不修如同身内缺钙则行动不便，此即“德成而后可施于用”，这是强调道德的优先性。德性未完备，德行未彰显，君子尚未形成足够的社会影响力，故须沉潜以等待时机。

朱熹从卜筮和义理两方面解释初爻。他说：“潜，藏也。龙，阳物也。初阳在下，未可施用，故其象为潜龙。其占日勿用。凡遇乾而此爻变者，当观此象，而玩其占也。”〔（宋）朱熹著，廖名春点校《周易本义》，本文《周易本义》皆用此版本，具体信息下文不再赘述〕此爻是周公占卜断吉凶而来，潜为藏，龙为阳，潜龙就是阳气潜藏居下之象，此时应不张扬、不妄动、不剧用，养精蓄锐，静以待时，如此为吉。初九是阳气萌发之初，阳气虽藏而未消失，故是阴中有阳，静不离动。朱熹对《文言》第二节解释为："龙德，圣人之德也，在下故隐。易，谓变其所守。大抵《乾》卦六爻，《文言》皆以圣人明之，有隐显而无浅深也。"(《周易本义》)龙是圣人的象征，龙德即圣人之德，君子的阳刚之德即是自强不息之精神。乾的阳刚之气生生不息，六爻之阳气虽有下有上，有隐有显，但始终不失刚健有为之圣德，故潜龙虽潜藏但不失阳刚之本质，这说明了乾道之生理无穷无尽。朱熹将"不易乎世"解为具备龙德的君子虽处下位，无所作为，但也要持守本心，不改其气节、操守、志向。乾卦之阳生生不已，君子之德一以贯之，不论隐或显，君子始终自强不息，如"芝兰生于深林，不以无人而不芳"(《孔子家语》)。朱熹对《文言》第六节解释说："成德，已成之德也。初九固成德，但其行未可见尔。"(《周易本义》)初九之时君子道德已成，但其德行还不被世人所知，故潜藏于世。

朱熹说："如说'潜龙勿用'，是自家未当出作之时，须是韬晦方始无咎。若于此而不能潜晦，必须有咎。"〔(宋)黎靖德:《朱子语类》，本文《朱子语类》皆用此版本，具体信息下文不再赘述〕初九阶段的君子不应出来作为而应当韬光养晦，这涉及所当然之理。朱熹说："'潜龙勿用'，其理谓当此时只当潜晦，不当用。若占得此爻，凡事便未可做。"《朱子语类》)占得此爻只应潜藏养晦，这是理之所当然决定的，其理是乾道变化生生不息之理。朱熹说："元者，生物之始，天地之德。"(《周易本义》)乾元即是天理。朱熹将理的思想融贯于乾卦之中，天理变化之象是乾卦之爻，初九之爻是天理在初期的萌发状态。潜龙不可施展才用是天理的命令，若潜龙不潜、贸然行动就是违背当然之理。朱熹认为《周易》本是卜筮之书，他解"潜龙勿用"时也是此意，比如说："如云：'初九，潜龙勿用。'这只是戒占者之辞。""如'潜龙勿用'，是就占者身上言。"(《朱子语类》)同时，"潜龙勿用"又是行与未行的统一，"勿用"是未行，"潜"是另一种行。"勿用"非无所作为，而是积极的无为，为行动做前期准备。九二之"见龙在田"则是阳气不潜，出于地上。"潜龙勿用"和"见龙在田"分别指无为与有为的实践智慧，君子不但知道如何进取，也清楚如何身退，两者相反相成，没有“潜龙”的前期积累和准备就没有“见龙”的后发制人。故“潜龙勿用”是隐、显结合，如朱熹说：“‘潜龙勿用’，显也。‘阳在下也’，只是就两头说。微显所以阐幽，阐幽所以微显，只是一个物事。”(《朱子语类》)因此，“潜龙”即显即幽，显中有幽，幽中有显，无“潜龙”之隐则无“见龙”之显，故说二者本为一个事物，这是天理的对立统一规律在初爻上的体现。

三、“潜龙勿用”的多重意义和现实价值

乾卦取龙为象既是为了彰显乾元的阳刚之气，又是为了描述乾道之内在气质的变化莫测。朱熹说：“《易》说一个物，非真是一个物，如说龙，非真龙。”(《朱子语类》)龙象征变化莫测的阳气，在人事象征有德性的君子，潜龙是尚未施展才用、隐居不仕的圣贤。君子此时位卑力微，必须等待时机，这如同做饭，火候未到，饭不能出锅。“勿用”的最终目标是大用。潜龙是龙之蛰、龙之屈，《系辞》说：“尺蠖之屈，以求信也；龙蛇之蛰，以存身也。”龙的蛰伏、潜藏是为日后出山做准备，屈以求伸，存身以备大用。潜龙谦恭处世，明哲保身，以备显露，故退步即是进步。《说文解字》中说：“龙，鳞虫之长，能幽能明，能细能巨，能短能长，春分而登天，秋分而潜渊。”闻一多和李镜池都认为，龙指天上的龙星，即大火星。“潜龙”即指秋分时下沉的龙星，也就是《诗经》里所说的“七月流火”。秋分之龙星应当下沉，此即“勿用”，如果此时龙星出现，则代表事出反常，必有咎害。阴阳相摩相荡体现生生不已之易道，也体现了变化之龙德，“这正是古代‘《易》以道阴阳’的特色，也与孔子以龙之德言阴阳二气变化之《易》义同”(崔云胜《张澍研究》)。如帛书《易》引孔子言：“龙大矣。龙形迁，假宾于帝，见神圣之德也。高尚行乎星辰日月而不眺，能阳也；下纶穷深渊之渊而不沫，能阴也。”龙形变化，能阴能阳，能隐能显，代表神圣之德，运行于天地之间。

在帛书《易》中，龙比喻君王，“潜龙勿用”为“寝龙勿用”，即指冬眠的龙不出来活动，帛书《易》引用孔子之语说：“龙寝矣而不阳，时至矣而不

出，可谓寝矣。大人安失矣而不朝，言苟在廷，亦犹龙之寝矣，其行或不可用也。故曰寝龙勿用。”帛书《易》中的“潜龙勿用”类似于君王的无为而治：“改‘潜’为‘寝’，似乎有其用意。‘不朝’、‘在廷’，自然是指朝廷的‘不朝’、‘勿用’，这是否有点‘无为’的意思？”（尹振环《重识老子与〈老子〉其人其书其术其演变》）“寝龙”比喻在廷而不朝的君王，厚积薄发，自然而不妄为。此无为非道家之自然无为，而是儒家之积极的无为而治，其用意在于率先垂范，以身作则，以修德为本，故君子之大德是潜龙的核心意义。龙在初爻易犯错，故应少做事甚至不做事以尽可能避免过错，此为守静安神、以静制动。“潜龙”与“寝龙”象征冬眠之龙，体现一种“隐德”，“事实上，通行本《周易》的《系辞传》，也为龙冬眠提供了旁证，即‘龙蛇之蛰，以存身也’”，“‘蛰’即动物冬眠之意”（兰甲云《周易卦爻辞研究》）。龙在冬天需要冬眠蛰伏，君子也应该学此隐德，在时机未到之时，隐藏锋芒，保存自身。

“潜龙勿用”思想普遍体现于人事和自然。如在任用人才方面，不让未经历练、能力不足的人在重要位置上任职。个人在时机未到时，应像初九之龙一样，潜于深渊，藏锋守拙，到恰当时机才能“见龙在田”甚至“飞龙在天”。作家岳南曾在《从蔡元培到胡适》一文中，谈抗战的问题时说：“先‘潜龙勿用’，再‘飞龙在天’，前面的战略大转移正是为了后面的战略大反攻做准备。”抗战前期的战略大转移即是“潜龙勿用”的表现。万事万物都应当处于阴阳之动态平衡状态，如此才能富有生机，运行不息。如人的身体一旦阴阳失衡，就会因内在失调而生病，使生命力受损，此时“勿用”以求休养生息，才能恢复平衡，若过度劳作，继续受累，就会加重病情。“潜龙勿用”象征通过潜藏韬晦而使阴阳恢复平衡。其所体现的无为、潜藏之法，与道家的自然、守静之道有很大共通性。如“精神内守”的养生观。老子说：“致虚极，守静笃。”（《道德经·第十六章》）《黄帝内经》中也说：“清静则志意治。”“恬惔虚无，真气从之，精神内守，病安从来。”“以恬愉为务，以自得为功。”“精神内守”之道就是通过静心安神、恬淡虚无来抵御病痛，同样，“潜龙勿用”即是让心思收敛向内，少私寡欲，静以安神，不为形役，不外求、不躁动，从而使内心恬愉自得，阴阳平衡。通过潜心静养、韬光养晦以保养真气，此真气亦是阴阳平衡之气，内心愉悦、清虚静泰便能祛病延年。“精神内守”的本质就是以“潜龙勿用”之道使生命有机体阴平阳秘，富有生机与活力。

四、结语

东晋干宝将“潜龙勿用”与历史相联系，认为此爻如文王被困于羑里，虽有圣明之龙德，但此时尚不具备拯救苍生的时机和条件，应隐忍潜藏，明哲保身。唐代崔憬释“行而未成”为“未成其行”，这说明他偏向于潜隐收藏的一面，因为时机未成熟，不适合行动，故须韬光待时。此“待”非坐以待毙，而是待时而动。如此而言，“韬光待时”虽然“未成其行”，却是在待其行，辩证来看，此亦是行。未行也是行的一部分，是为行做准备。南朝沈驎士认为，以龙象征乾卦六爻是为了说明其变化无穷、因时而变的过程和状态。龙的特征就是：具有君子之德，同时富于变化、行动自如。人道遥契天道，“天地之气有升降，君子之道有行藏”，君子之龙德就是乾道之德，即变化莫测、有行有藏、能屈能伸的生生不息之德。常言道：“流水不腐。”(《吕氏春秋·尽数》)变化无穷而不僵化，方能生生不息。龙作为君子之象，代表自强不息，也代表能行能藏、能屈能伸的变动不居的状态。龙的飞和潜象征君子的行和藏，天道之阳气潜藏地下，人道之龙德相应地就隐居不出。《易传》之“潜龙勿用”是既明哲又保身的阶段，一要保存实力，二要存养德性。程朱多从道德义理角度解释初爻，认为潜龙是圣人之德，勿用是当然之理的要求，故君子应守其道、晦其行，时止则止，晦养待时。“潜龙勿用”思想普遍体现于人事和自然，不论是在国家政治还是个人养生方面，“潜龙勿用”所蕴含的韬光养晦、待时而动、精神内守思想对当代社会生活具有一定启发意义。

（作者单位：山东大学哲学与社会发展学院）

治学三得

马来平

多年的治学经历，心得颇多，其中至为深切的有以下三点：

一、做带记号的学问

做学问第一要务是形成正确、稳定而明确的研究方向，然后形成专属自己的研究领域，即进入科研前沿的无人区。许多人讲治学要有自己的“根据地”“山头”或“营盘”，实际上这些说法都是一个意思：做学问要做带记号的学问。即在某个研究方向或领域内“占山为王”，你的贡献无可替代。一说到某个领域就必定会说到你，一说你，则人人都知道你是该领域里的专家，一个人的名字和一个研究领域紧密地联系在了一起。

“正确”主要指有发展前景的方向，一般指代表学科发展且与社会发展相吻合的方向。其中，代表学科发展的方向是根本。学科发展的方向一般蕴含在本学科的经典著作中，以及本学科主导理论的解释力和预见力的状况中。如果某个研究方向连经典著作或主导理论都难觅，说明该研究方向不成熟或前途未卜。一般情况下，这样的方向，青年人不宜选。

为什么科学研究一定要形成相对稳定、明确的研究方向？

1.创造需要。科学研究的宗旨是创造，是发展新知识。它最需要的不是万金油，而是能够提出和解决专门、深奥问题的专家。就是说，它要求人们的知识要专、深、精。当然，科学研究并不排斥知识上的“博”，而且欲真正达到“专”，必须以一定的“博”为基础。这是因为，许多学术问题一旦深入下去，就有可能触及四面八方相关的知识。只是必须明确地认识到：“博”服务于“专”；“博”是手段，“专”才是目的。所以，作研究不能东游西逛，“打一枪换一个地方”，而必须要有相对稳定、明确的研究方向。

2.精力有限。一个人不可能在许多方向上同时走得很远。不排除有的人创造力极强，精力旺盛、聪明过人，可以在几个方向上都能做得十分漂亮。但这样的人毕竟凤毛麟角。而且退一步讲，这样的人如果专注一个方向，锲而不舍，一定会在学术上作出更加卓越的贡献。譬如掘井，同掘数口皆不及泉，不若专掘一井，务求及泉。总之，不论是谁，摊子铺得大了，必定会影响其在学术上的高度。

3.节约之路。做学问向专深的方向发展，是一条节约之路。知识的发展是有连续性和继承性的。如果方向比较集中，就会使前面的问题得以解决，且实际上又为解决后面的问题作了准备，而解决后面的问题则为解决更后面的问题作了准备。显然，这样比那种解决一个问题后，换一个方向、另铺一摊子再解决下一个问题的做法，节约时间和精力。

怎样形成正确、稳定、明确的研究方向？途径之一是靠高水平的老师或其他高水平学者指点。美国一位诺贝尔物理奖金获得者说：“一个伟大的科学家是正在进行正确的而且是重要的工作的人。”〔转引自（美）哈里特·朱克曼《科学界的精英——美国的诺贝尔奖金获得者》〕就是说，是否在进行或是否有能力识别正确而重要的工作，是衡量一位科学家水平高低的标准之一。自己的导师或其他高水平的学者治学经验丰富，能够获得他们的指导，是非常有利于形成正确、稳定、明确的研究方向的。途径之二是依靠自己。这需要综合考虑社会需要、学术发展的内在逻辑、个人兴趣、已有的知识基础、师承关系、研究条件和学术环境等因素。而且对于大多数人而言，依靠自己探索和形成正确的研究方向是需要有一个尝试和摸索过程的。

在“西学东渐中的科学与儒学关系”这个研究方向上，我经历了一个漫长的探索过程，正所谓“凡三变，而始得其门”。在这个过程中，我觉得有一点特别重要：联系实际，但不跟风。学术研究联系实际是应当的，也是必须的，但应当把握好分寸。所谓“实际”具有两个突出特点：一是实用性。

就是说它直接需要的是应用性研究，联系实际往往意味着学术研究“浮”上来了，主要不是纵深发展，而是横向发展；二是变易性。社会实践是不断发展甚至是瞬息万变的，如果联系实际把握不好分寸，一味跟风，就很难形成一个明确的研究方向，甚至很可能会葬送自己的学术前程。

研究方向形成以后，为了在所选定的研究方向上攀登高峰，需要从两方面入手：一是在选定的研究方向上，打几场硬仗，解决几个关键问题，作出标志性的贡献。二是在选定的研究方向上，眼观六路、耳听八方，随时掌握新的研究动向，对全局始终有一个清晰、动态的把握，以期点面结合，形成二者的良性互动——以面的把握指导和促进点的研究；以点的研究充实和改进面的把握。最终力争写出一部有分量的通论性专著。这样就能在所选定的研究方向上，牢牢打上个人的印记，获得学界的认可和尊重。

二、熟读本学科经典著作

俗话说，根深才能叶茂。做学问只有基本功扎实了，才有可能作高水平的学术。怎样练出扎实的基本功？涉及面很广，我认为，最关键的一点就是熟读本专业的经典著作。

经典是在漫长的岁月里经过大浪淘沙，自然形成的最重要、最优秀的著作，代表着本专业阶段性的研究范式和最优秀的学术传统。阅读经典，意味着与大师对话、和高手下棋，特别有利于练好基本功、打牢基础。因此，一位学人需要有一二十部本学科、本专业的经典烂熟于胸作为打底，这个功夫无论如何是不能省，或者说是不可回避的。我提出一个口号与学生共勉：“半部论语治天下，十部经典傲学林。”意思是不论是老师，还是学生，只要熟读了本专业最主要的经典，就可以在同行面前直起腰杆，有了底气。我要求跟我读硕士和博士的同学分别在一年级或一至二年级，不必考虑写论文，聚精会神上专业课和熟读精读经典即可。我们专业为博、硕研究生开设的课程，有一些选择了以老师带领学生读经典的形式进行，而且经常举办由师生共同参加的读书会。那种一入校，就要求研究生一头扑到毕业论文上的做法，会使学生长期沉浸于和论文主题相关的二流、三流文献中，而在基本功上大幅度“欠账”，十分不利于学生在学术上的健康成长。

各专业的经典书目不同，就科哲而言，我列了一个基本书目，每年四、五月份，学生一旦确定被录取，我就发给他们，以期提前进入读经典阶段。这个书目包括基础、专业两方面。例如基础方面，西哲包括康德、黑格尔、现代西方哲学几个代表人物的代表作；中哲包括四书五经等。专业方面，包括恩格斯《自然辩证法》等恩格斯和马克思的哲学著作，西方马克思主义代表人物的代表作，还包括西方科学哲学、科学社会学、中外科学思想史代表人物的代表作等等。

读经典著作的基本方法是分为三个步骤：粗读了解大意，精读掌握精髓，读后撰写笔记。中国在线音频分享平台“喜马拉雅”上设有经典名著节目，其中既有经典名著辅导，又有经典名著诵读。收听这类节目可以为自学经典扫除障碍、引领方向，不妨以听促读。如何写读书笔记？不同的人可能有不同的观点，我主张，写读书笔记可分为四个步骤：分别提炼各章和全书的核心观点；务必理清作者的思路或框架；精当评价作者核心观点的得失；延伸作者的核心观点，在初步研究的基础上写出自己的独立见解。只要这样做了，就能达到较好消化吸收的目的。

三、恪守严谨治学的学者本分

客观性、逻辑融贯性和精确性是科学的本质特征。人文社会科学和自然科学相比，尽管在客观性、逻辑融贯性和精确性程度上有明显差别，但追求客观性、逻辑融贯性和精确性的精神是一致的。这一点决定了，严谨是对学者最重要、最基本的一项要求，或者说，严谨治学乃学者本分。

严谨即是严肃、谨慎，其具体含义十分丰富。这里，仅谈以下两点：

(一)充分占有材料

尽管人文社会科学具有相对独立性，但是说到底，人文社会科学需要联系实际、为社会实践服务。所以，从实际出发、充分占有材料是人文社会科学研究的基本原则之一。也正因为如此，马克思指出：“研究必须充分地占有资料，分析它的各种发展形势，探寻这些形式的内在联系。只有这项工作完

成以后，现实的运动才能适当地叙述出来。”（《马克思恩格斯选集》第二卷，人民出版社2012年版）

在充分占有材料方面，需要特别注意以下两点：

1.尽可能一网打尽。对于材料，最基本的要求是详尽占有。详尽占有，最高境界是一网打尽。就通常的搜集材料的方法来说，搜集二手资料常用的工具书是《全国社科新书目》《全国报刊文献索引》《全国报刊索引》等各种综合的、专业的、专题的书目和索引；同时，还要充分利用中国知网、万方数据、读秀以及JSTOR，Proquest等在线和电子版的学术数据库、互联网的各种网站和搜索引擎，以及尽量利用港澳台和国外的学术资源等。目前，海外学术材料的搜集较之过去也方便多了。此外，要充分利用前人所整理的相关专题材料。例如，研究乾嘉考据学，台湾“中央研究院”的林庆彰先生所主编的《乾嘉学术研究论著目录（1900—1993）》（“中央研究院”文哲所筹备处印）就是一本很有用的文献索引。这类不同专题的材料很多，很有使用价值。

搜集材料的方法主要有三种方式：（1）彻底一网打尽。把研究对象所处时代以来的所有文献统统找到。新中国成立前的文献，近年来已陆续制成光盘。借到光盘后，可用搜索引擎进行搜索；新中国成立后的文献，依靠《全国社科新书目》，以及《全国主要报刊资料索引》或《全国报刊索引》即可。（2）近期材料一网打尽。改革开放后，学术研究逐步走向繁荣，各类文献的学术价值有明显提升。可用第一种方式，把1980年以来的文献统统找到。（3）重点期刊一网打尽。选定一定数量的重要专业学术期刊和最高层次的综合性学术期刊。将每种期刊，从创刊号一直搜索到当下，把所有相关的论文统统找到；著作则利用《全国社科新书目》普查。后两种搜集材料的方法尽管没做到彻底一网打尽，但是近期的、最重要的有关文献已经网罗备至，而且搜索文献的时间大为缩短。在时间和精力特别紧张的情况下，当不失为一种权宜之计。

2.坚持“一手材料出观点，二手材料出问题”。一手材料原指自己动手采集和发现而他人没有利用过的材料，在历史人物的思想研究中，可将一手资料界定为历史人物的原著、档案等相关材料。二手材料指他人关于该历史人物研究所发表的著述等相关材料。我在长期的科学研究实践中，摸索并提出了“一手材料出观点，二手材料出问题”的观点〔此观点出自我《文章千古事　得失寸心知——与研究生谈找“问题”和论文修改》(《学位与研究生教育》，2015年第11期）一文中，该文发表后随即被多家媒体转载，“社科学术圈”推送，并登上“今日头条”。〕以表达对充分占有材料的重视，以及明确使用材料的基本原则。

关于“二手材料出问题”。写论文总是要提出问题和解决问题的。对于研究者，“问题”是指学界有分歧的观点、有差错的观点、研究不充分的观点和缺乏研究的观点等。所有这些基本上反映在二手材料里，所以，应该主要到二手材料里去找。由于人的思维往往具有同构性，如果脱离二手材料，单纯依靠一手材料找“问题”，你想到的，别人也很容易想到，所以，做重复性研究的风险很大；同时，脱离二手材料则对前人的优秀研究成果缺乏继承，不能站在前人的肩膀上思考，也很容易做低水平的研究。不过，需要强调指出，从二手材料里找“问题”，对材料的量是有一定要求的。只有充分掌握了二手材料，才能够找到最有代表性或最重要的“学界有分歧的观点、有差错的观点”，才能够准确界定学界“研究不充分的观点和缺乏研究的观点”等。只有深入二手材料，才能把问题找得准、找得好。诚然，一手材料也能出“问题”，而且关于历史人物研究的“问题”归根结底来自一手材料。有些被学界研究较少或从未被研究过的人物的有关“问题”，应当、也只能到一手材料中去寻找；同时，即便对于学界研究较为充分的人物，随着学术的进步、研究方法的更新和新材料的不断被发现，从这些人物一手材料中发现有研究价值的“问题”的可能性也是随时存在的。既然如此，为什么还要说二手材料出“问题”？因为一般情况下，一手材料不知已被多少学者研究过，也不知研究过多少遍。再从一手材料里发现有研究价值的“问题”，难度较大。历史人物的二手材料愈多，从其一手材料里发现“问题”的难度愈大。

关于“一手材料出观点”。问题解决以后所得出的结论，即是“观点”。由于研究是针对历史人物进行的，所以关于某历史人物的所有观点，最终都应该得到该历史人物一手材料的支撑。质言之，“观点”与一手材料不能脱节，更不能冲突。二手材料是别人关于一手材料研究的结果，而且，不少二手材料是转述他人关于一手材料研究的结果，甚至不知转了几道手。没有谁能保证形形色色的二手材料对于一手材料的理解是准确、到位的。倘若你所依据的二手材料是不可靠的，那么，你的研究不就成为沙滩上的房子了吗？另外，过分依赖二手材料而忽视一手材料，还有一个严重的危害：容易造成个人的观点游移不定。倘若沉迷在二手材料里，不能自拔，忽而被这本书征服，忽而被那本书征服。最终只能东说东倒、西说西随。为此，必须强调，钻研一手材料始终是重点。如果说对于二手材料最重要的是尽可能“搜集要全”的话，那么对于一手材料最重要的则是“钻研要透”。诚然，当我们主张一手材料出“观点”的时候，并不是说凡“观点”都一定出自一手材料。二手材料也能出“观点”，只不过，对于二手材料的“观点”，不可无条件地接受，需要予以批判性地审查。批判性审查的判据，通常就是一手材料；其次，有些观点，特别是对历史人物思想的辨析、评价，以及关于历史人物思想“接着说”的成分，还要参考和运用一手材料和二手材料以外的其他思想资源。

（二）文不惮改

在写作过程中，修改是一个十分重要的环节。历代文人墨客都非常重视修改。张衡作《二京赋》十年乃成；欧阳修作文，通常先贴壁上，时加窜定，甚至有终篇不留一言者；刘勰强调，对文章要细加修改，“权衡损益，斟酌浓淡，芟繁剪秽，驰于负担”（刘勰《文心雕龙·熔裁》）等。我们应当继承和弘扬古代先贤的优良传统，树立“文不惮改”的精神。

对于“修改”在论文写作过程中的作用，我本人是有一个认识过程的。年轻时，文章写完后，通常处于一个敝帚自珍、自鸣得意的状态。所以，一个晚上也等不得，立即就投出去了。后来慢慢发生了转变，也许是日益珍视自己的学术声誉，变得越来越重视“修改”环节了。论文写完后，一遍一遍地改，论文修改的时间远远超过写作的时间。说来也怪，越改，毛病发现得越多。甚至时常发现重大硬伤，如两条腿，只讲了一条，漏掉了另一条的情况都会有，至于遣词造句上的错误更是改不胜改，一直到论文清样出来后，仍然能发现错误。反复修改的结果，甚至会出现这样的情况：终稿和初稿一比，内容、篇章结构和题目都变了，或者终稿只采用了初稿某一段落的扩展，初稿与终稿已经成了完全独立的两篇论文。

目前，我已经形成了论文写作的良性循环：手头通常积压几篇处于修改过程中的论文；今年发表的是去年或前年完成的。论文不满意绝不出手。即便这样，几乎每篇稿子把最后定稿寄给杂志编辑部后，修改的热情仍然十分高涨，停不下手来。无奈，只好隔两天再寄一遍，嘱编辑“请以此稿为准”。

通过实践，我充分尝到了修改对于提高论文质量的甜头，对于论文修改的作用，也有了一定的理性认识。我以为，论文修改的作用大致可概括为以下几点：

1.论文修改的过程是不断深化认识的过程。论文写作既是研究结果的表达，也是研究过程的继续；而修改，则是论文写作的继续，当然也是研究过程的继续。论文修改最重要的任务就是设法使论文对核心问题的回答更加全面和到位、使论文各个部分之间的逻辑关系更加清晰和严密，这些，实际上就意味着认识的逐渐深化。

2.论文修改的过程是不断自我批判的过程。一般来说，读者是带着挑剔的眼光阅读论文的。作者的修改，实际上是论文在未交付现在和未来的读者批判审查之前，先进行自我批判。自我批判就是自己找自己的茬，自己和自己进行辩论。例如，需要逐一反省论文的核心论点和每一个分论点是否鲜明和有新意、论据是否可靠和充分、论证是否严密和规范等。

3.论文修改的过程是不断集思广益的过程。论文修改不能单靠自己，要千方百计、采取各种方式让老师、同事、同学等帮忙修改。每个人的学养不同、经历不同、看问题的角度不同，因此，都有可能贡献出不同的真知灼见。这样一来，论文的修改就是一个不断集思广益、群策群力的过程了。

4.论文修改的过程是不断字斟句酌的过程。所有的字和词，孤立地看，都由笔画组成，彼此间没有高低和好坏的区别。但一旦字和词进入句子和段落之后，只要恰如其分、别出心裁，就会立即产生美妙的艺术效果，甚至可以扣人心弦、催人泪下、引人遐想。所以论文写好后，在修改过程中，字斟句酌、反复推敲，力争对每个字词，尤其是关键字词都精心挑选，并且安置到最恰当的地方，或者反过来说，让论文中每个字词尤其是关键的字词都运用得十分节俭、独到、恰到好处，那么，这对于增强论文的可读性，提高论文的质量，一定是立竿见影的。

总之，写文章不是单纯的“写”，而是一个研究和认识的过程。文章初稿完成后，研究和认识的过程远没有结束。“修改”不仅是研究和认识过程中必不可少的一个阶段，也是自我批判和主动听取他人意见的一个阶段。“修改”的主要任务是，通过严格的审查、反省和征求意见，对文章进行纠错、调整和补充。从认识论的角度说，不存在不需要修改的文章，而且修改是无止境的。

（作者单位：山东大学儒学高等研究院）

狗子还有佛性也无？

——禅语的活力（二十七）

陈 坚

考古学家说，狗是人类最早驯养的家畜，而且还是从狼驯化而来的。人类在新石器时代就开始广泛养狗。自古至今，狗一直是人类的好朋友和好帮手，活跃在狩猎、牧羊、看门以及警务等活动中，苏东坡（1037—1101）在《江城子·密州出猎》中描写自己外出打猎，曰“老夫聊发少年狂，左牵黄，右擎苍”，其中“左牵黄”中的“黄”就是一条黄狗。另外，在中国文化中，狗还是十二生肖之一，位列第十一位。当然，说到狗，不得不提的还有宠物狗，狗乃是当代饲养率最高的宠物，这使得狗成为人类最亲近的动物之一，甚至是可以寄托自己生命和情感的动物。狗在人类眼中有如此之高的地位，以至于佛门也常常养狗，不但养狗，有时还养猫，这个我在很多佛寺都看到过。当然，佛门不但现在养狗养猫，就是在古代也养。南泉普愿禅师（748—834）的寺院就因为养猫而出了个著名的“南泉斩猫”公案，且看：

> 师因东西两堂争猫儿，师遇之，白众曰：“道得即救取猫儿，道不得即斩却也。”众无对，师便斩之。赵州自外归，师举前语示之。赵州乃脱履安头上而出。师曰：“汝适来若在，即救得猫儿也。”（《景德传灯录》卷八）

这里的“师”就是南泉普愿禅师。也许有人会觉得纳闷，佛教不是讲

"不杀生"吗？南泉禅师怎么把个活生生的猫给斩了呢？这个大家自己去参吧，或者去看看网上是怎么解释的，我就不说了，因为我想谈的是狗而不是猫，尽管万松行秀禅师（1166—1246）在评唱"南泉斩猫"公案时说"猫又无，争甚狗？"（《从容录》第九则）然而，狗在佛教中还是经常被"争"的，先看《碧岩录》卷十的如下记载，曰：

> 紫胡和尚，山门立一牌，牌中有字云："紫胡有一狗，上取人头，中取人腰，下取人脚，拟议则丧身失命。"凡见新到便喝云："看狗。"僧才回首，紫胡便归方丈。

紫胡和尚（800—880）在自己的寺院中养了一条狗，并在山门口立了块牌子，上书："紫胡有一狗，上取人头，中取人腰，下取人脚，拟议则丧身失命。"意思是说，我紫胡养了一条狗，这狗呢正应了"人模狗样"这句俗话，上面像人头，中间像人腰，下面像人脚，这不就是一个人吗？怎么会是狗呢？或者说，狗怎么能长得那么像个人呢？当你这样拟议的时候，紫胡和尚说，对不起，你已经"丧身失命"了。所谓"丧身失命"，隐喻你已经失去了佛教的慧命（台湾的慧律法师曾说，对于佛教徒来说，"只有佛法是真正的生命"），完全不在佛教的调上，为什么这么说呢？我们都知道，佛教讲求众生平等，在佛教那里，人与狗是完全平等的，这是一个无须任何"拟议"的佛教常识。紫胡和尚说"紫胡有一狗，上取人头，中取人腰，下取人脚"，就是在表达人狗平等的理念，我们甚至还可以将紫胡和尚的这话具体解读为紫胡和尚认为自己与狗是平等的。如果你从"紫胡有一狗，上取人头，中取人腰，下取人脚"这句话中还读不出佛教众生平等的观念，那你作为一个佛教人，真还干脆不如回家卖红薯。正是基于这样的语境，当有"新到"——新来寺院学佛的人——进入寺院的时候，紫胡和尚便会冲来人大喝"看狗"，而来人则会条件反射地转身往后看是不是真的有狗，而他刚一回首，紫胡和尚便转身回方丈室，这是什么意思？紫胡和尚喝令"新到""看狗"，并不一定"新到"身后真的有狗，而是他想借这一喝让"新到"自己去体悟山门字牌所蕴含的"人狗平等"的佛教理念，所以"便归方丈"，因为他若不归方丈，“新到”肯定会来问他为什么要这么喝他以及山门字牌上写的究竟是什么意思，因为任何一个进入寺院的人都能看到这个字牌。也许是这块字牌看的人多了，结果一传十十传百，就在佛教江湖中传开了。有一个叫白兆的和尚听说此事，也“养”了一条狗，不过他的这条狗与紫胡和尚的正好“容貌”相反，且看：

白兆和尚亦云：“白兆有狗，上不取人头，中不取人腰，下不取人脚，也不拟议，咬得他死便得。”僧问：“如何是白兆狗？”兆作狗声。僧云：“犹是喋屎狗。”兆云：“作么生是咬人狗？”僧把衲衣角便拂，兆便打。（《古尊宿语录》卷二十四）

白兆和尚的狗可不像紫胡和尚的那样“人模狗样”，而是“上不取人头，中不取人腰，下不取人脚”，正儿八经“狗模犬样”一条“喋屎狗”和“咬人狗”，恢复到了狗的本来面目，那这样的狗与人还是不是平等的呢？依然还是平等的，在哪里平等呢？在佛性上平等。众生皆有佛性，人有佛性，狗也有佛性，所以人狗平等，这应该是大乘佛教的常识。不过，在下面这个著名的“公案”中，赵州禅师（778—897）似乎不能坚守这个常识，且看：

僧问赵州：“狗子还有佛性也无？”州云：“有。”僧云：“既有，为甚么却撞入这个皮袋？”州云：“为他知而故犯。”又有僧问：“狗子还有佛性也无？”州曰：“无。”僧云：“一切众生皆有佛性，狗子为什么却无？”州云：“为伊有业识在。”（《从容庵录》第十八则）

赵州和尚（778—897）一会儿说“狗子有佛性”，一会儿又说“狗子无佛性”，而且两造皆有理由，这该如何理解呢？难道作为一代佛教大师，他连“众生皆有佛性”的基本道理都不懂？我觉得这不是赵州禅师不懂，而是我们自己没弄明白什么是佛性。佛教说“众生皆有佛性”并不等于承认众生皆是佛，“有佛性”与“是佛”并不是一回事。明白了这一点，也就不难理解赵州和尚关于狗子“有佛性”“无佛性”的言论了。首先，有僧问狗有没有佛性，赵州和尚说有佛性。既然有佛性，那他怎么还“撞入这个皮袋”，也就是撞入狗之皮囊而依然是一条狗呢？赵州和尚说“为他知而故犯”，因为他明知故犯，虽然知道自己有佛性，但就是不修行。很显然，赵州和尚这话是借狗说人，因为狗是不会修行的，只有人会修行。赵州和尚的意思是说，人若不修行，那就与狗无异，与禽兽无异，这与孟子所说的“人之所以异于禽兽者几希，庶民去之，君子存之”(《孟子·离娄下》)实在有着异曲同工之妙。孟子的意思是说，君子之所以是君子，之所以异于禽兽，那是因为他能“存之”，存什么呢？存“仁义”之心，比如舜就是这样的君子，因为“舜明于庶物，察于人伦，由仁义行，非行仁义也”，也就是说舜明察人伦物理，心怀“仁义”，平时一言一行皆发乎内心之“仁义”，而不是表面上行“仁义”，正因如此，所以舜是大圣人。孟子的这一“存之”观点实际上乃是其仁义礼智“四端心”思想萌芽。关于“四端心”，孟子说：“恻隐之心，人皆有之；羞恶之心，人皆有之；恭敬之心，人皆有之；是非之心，人皆有之。恻隐之心，仁也；羞恶之心，义也；恭敬之心，礼也；是非之心，智也。”(《孟子·告子上》)在另一个地方，孟子对“四端心”有更为详细的解释，曰：

> 人皆有不忍人之心。先王有不忍人之心，斯有不忍人之政矣。以不忍人之心，行不忍人之政，治天下可运之掌上。所以谓人皆有不忍人之心者，今人乍见孺子将入于井，皆有怵惕恻隐之心。非所以内交于孺子之父母也，非所以要誉于乡党朋友也，非恶其声而然也。由是观之，无恻隐之心，非人也；无羞恶之心，非人也；无辞让之心，非人也；无是非之心，非人也。恻隐之心，仁之端也；羞恶之心，义之端也；辞让之心，礼之端也；是非之心，智之端也。人之有是四端也，犹其有四体也。有是四端而自谓不能者，自贼者也；谓其君不能者，贼其君者也。凡有四端于我者，知皆扩而充之矣，若火之始然，泉之始达。苟能充之，足以保四海；苟不充之，不足以事父母。(《孟子·公孙丑上》)

这段话中的“辞让之心”也就是“恭敬之心”。在孟子看来，有无仁义礼智“四端心”乃是人与非人的分野，而这“四端心”其实就是他所说的“人之所以异于禽兽者几希”中的“几希”。所谓“几希”，也就是一点灵明的意思。人之所以不同于禽兽，就是因为有这“几希”的一点灵明；若能进一步将这一点灵明“扩而充之”，那就是君子，就是圣人。如果说儒家的“几希”是“四端心”，那么佛教的“几希”就是佛性。人若能将这“几希”佛性“扩而充之”，那就能成佛成为佛教的圣贤，这就是《金刚经·无得无说分》中所说的“一切圣贤，皆以无为法而有差别”，其中的“无为法”就是能将“几希”佛性“扩而充之”的佛法。无论是孟子的“四端心”思想还是佛教的“无为法”思想，它们都在告诉我们一个事实，那就是人与禽兽是有区别的，而且一般的人与圣贤也是有区别的，其中前者不禁使我想起德国哲学家费尔巴哈（L. A. Feuerbach，1804—1872）在《基督教的本质》一书中开宗明义所表达的观点：“宗教是人与动物的本质区别，人有宗教而动物没有。”好，闲话少说，我们还是回到赵州禅师的“狗子有无佛性”的话题。

刚才已经解释了“狗子有佛性”，下面再来看“狗子无佛性”。有僧还是问“狗子有没有佛性”这个同样的问题，这次赵州和尚却没有说有佛性，而是答曰没有佛性。佛教不是说“一切众生皆有佛性”吗？狗也像人一样，是“六道轮回”中的众生，人属“人道”，狗属“畜生道”。既然人有佛性，狗怎么就没有佛性了呢？赵州和尚说那是因为狗还“有业识在”。什么是“业识”呢？“业识”就是唯识学所说的“阿赖耶识”。每个众生都有自己的“阿赖耶识”，这个“阿赖耶识”在他的躯体死亡后，会转到另一个众生身上也就是投胎为另一个生命，这就是所谓的“轮回”。大家且看《联灯会要》卷十二所记载的下面这个“公案”：

> 问：轮回六道底人，毕竟如何？
> 师云：不愿成佛。
> 云：为甚么不愿成佛？
> 师云：佛亦不究竟。
> 云：请师一言。
> 师云：昨日犹记得，今朝话无门。

其中的“师”系指潭州神鼎鸿諲禅师（？—904）。按照佛教的看法，众生若成佛了，那就不再“轮回”了。从这个意义上来说，一个人如果还处在“六道轮回”中，那他就没有成佛；而他之所以没有成佛，那是因为他不愿成佛；而他之所以不愿成佛，那是因为他认为“佛亦不究竟”，就像神鼎鸿諲禅师在如下回答中所说的“佛亦是尘”：

问：拨尘见佛时如何？

师云：佛亦是尘。

本来，众生皆有佛性，人人皆可成佛，只是因为自己不愿成佛，所以也就不去修行，这就使得即使有佛性也等于没有佛性，一如有能力而不愿去工作，那与没有能力又有何异？亦如关于某件事，“昨日犹记得，今朝话无门”，光是昨天记得今天忘了说不出来，那有什么用？对于狗来说也是一样，昨日“轮回”之前是有佛性的，但今天依然还“轮回”成一条狗，那就说明你没有发挥佛性的作用，那就相当于没有佛性。总之，我们看一条狗，它可能有两个身份，即既可以是“轮回”之前的狗，也可以是“轮回”之后的狗。“轮回”之前的狗是有佛性的，而“轮回”之后的狗则是没有佛性的，这就是赵州和尚一会儿说狗有佛性，一会儿又说狗没有佛性的奥妙所在。阿弥陀佛！

（作者单位：山东大学哲学与社会发展学院）

诡奇浩瀚　真情深蕴

——论杨维桢的海洋诗

赵俊凤

杨维桢是元末明初诗坛领袖，因独创“铁崖体”诗名擅一时，顾嗣立评其在诗坛上的地位时称：“至正改元，人才辈出，标新领异，则廉夫（杨维桢）为之雄。”（顾嗣立《元诗选》）近年来，随着学界对元代诗歌研究的深入，杨维桢及其诗作逐渐成为学者们关注的热点。但就目前来看，学界对杨诗的研究多集中在对其乐府诗歌的整体关照上，鲜有学者关注其少数以海洋为主题的诗作。元代时，沿海地区得到大规模开发，气象万千的海洋吸引文人墨客竞相抒怀，推动了海洋诗歌的创作与发展。杨维桢泰定四年（1327）中进士，次年任天台县尹，左迁钱清场（今浙江省萧山区）盐司令，掌管盐场一应事务。于滨海地带的仕宦经历和晚年临海而居的生活经验，为其海洋诗歌的创作提供了最真实、生动的素材，加之杨维桢作诗坚持“诗本性情”的诗学观，喜以诗歌寄托个性才情，因此他的海洋诗不仅印证了自身丰富的人生经历，也生动地展现了元末东南沿海地区的现实状况，在其诗歌创作中独具特色。

一、想象海洋奇幻景观

汉魏六朝时期，诗人逐渐体会到海洋的娱情作用，对海洋的审美意识开始萌发，出现了诸如《观沧海》等寄情于浩瀚海洋的佳作名篇。对海洋自然景色的描绘是汉魏以来海洋诗的主要内容，杨维桢继承了这一传统，作品中不乏描写海洋景色之作。较之前代的作品，杨维桢摹写海景的诗作往往将大自然的天然美景与自己的神奇想象相结合，在展现海洋雄伟气势的同时，营造一种充满主观色彩的奇特瑰丽之境。

题《古观潮图》(《杨维桢诗集》，本文诗作皆引自此集，下文不具注）是想象海洋奇观的代表作。依据南宋画家李嵩笔下的观海潮图，杨维桢以超然物外的主观想象再现了钱塘江潮水吞吐日月、包蕴云汉的壮阔景象。

> 八月十八睡龙死，海龟夜食罗刹水。须臾海壁龛赭门，地卷银龙薄于纸。……劫灰欲死蛇鬼穴，婆留朽铁犹争雄。望海楼头夸景好，断鳌已走金银岛。天吴一夜海水移，马碟沙田食沙草。……

农历八月十八正值钱塘江大潮最盛时，此诗借对水伯天吴等神话图像的描写，将潮水的汹涌、壮观展露尽致。字句间既现潮头推拥，势如万马奔腾的海浪覆盖龛赭两山；又见奇诡怪异的神界鬼穴，于现实之景外又添几分神话色彩。面对无涯无际、变幻莫测的海洋，杨维桢肆意挥洒着尚奇好古的情思，想象自己凌风观潮、骑鲸吸海，对海洋空间的刻画充满真实感与层次感。这是一种“有我之景”，并展露出其强烈且奔放飘逸的豪情，可谓是集李白诗歌的豪放与李贺诗歌的奇诡于一身。

杨维桢在一定程度上受到了道教的影响，一生追慕于仙道式的生活，因而其笔下的海洋诗歌也常常浸润着神仙色彩，其中以神仙故事构思者亦复不少。这类诗作往往以神话传说为题材，运用绚丽多彩的语言构思出奇幻的境界，显示出热烈奔腾的特点。如《罗浮美人》在展现“三山如拳海如沼”此番山水画卷般迷人的海上风光时，便自由驰骋想象，引用赵师雄醉憩梅花树下、梦中偶遇梅花仙人之典故，幻想罗浮山中飞来女仙的神妙之姿；“绿衣歌舞不动尘，海仙骑鱼波袅袅”更是以凝练之笔勾勒出了罗浮美人翩然而来的殊姿逸态。

最具代表性的当是《梦游沧海歌》，此诗对海中仙境的描绘最可佐证诗人对神仙方外生活的向往。杨维桢继承了唐代所开创的“梦游仙”类型的诗歌传统，在诗中展开了诡奇谲玮的想象世界，于沧海仙境中快意神游。诗由“东海之东，去国十万里”入笔，已先呈现了其高雅的情怀，紧接着细述入梦后的所见所闻，以乘风驾鹤之势拉开沧海碧天的壮阔。全诗如下：

> 东海之东去国十万里，其洲名沧洲。地方五百里，上有琼涛玉浪出没九岫如罗浮。风光长如二三月，琪花玉树不识人间秋。人鸟戏天鹿，昆吾鸣天球。橘子如斗，莲叶如舟。白凤如鸡，红鳞如牛。青瞳绿发紫绮裘，日夕洲上相嬉游。铁崖道人隘九州，凌风一舸来东沤。始青天开月如雪，锦袍着以黄金楼。楼中仙人睨物表，瑶笙引鹤缑山头。戏弄玉如意，击碎珊瑚钩。相招元处士，浩歌海西流。长梯上摘七十二朵之青菡萏，玉龙呼耕三万六千顷之昆仑丘。黄河清浅眼中见，海屋老人为我添新筹。

诗以第一人称为视点，以主观抒情的方式表达了诗人自身的情感体验，且主观抒情极为强烈，短短二百余字将其梦中游历沧海的所见所感抒发得淋漓尽致。他乘兴漂游于海上，偶遇奇花异卉、珍鸟仙禽，目睹琼涛玉浪出没于九岫，幻想海屋老人为其添筹，肆意挥洒奇丽的情思。诗歌鲜明的艺术特点也表现出杨维桢写作手法的高超。首先是奇特的意象。诗人之情性反映于其诗歌作品中，自然形成某些特殊意象。杨维桢个性张扬，作诗喜以“玉”“翡翠”“珊瑚”等富有质感和奇异色彩的珍宝为喻，如“琪花玉树”“戏弄玉如意，击碎珊瑚钩”，此类意象的使用造就了诗中晶莹剔透，色彩缤纷的美艳世界；其次，在用字方面，“长梯上摘七十二朵之青菡萏，玉龙呼耕三万六千顷之昆仑丘”将历代诗歌善用数字“三”及其倍数以表夸张的传统予以进一步发扬，展现出海洋空间辽阔而变化万端、充满奇趣的特点，为诗歌增添了一番别样的神秘感；此外，杨维桢作诗善引神话仙话。“瑶笙引鹤缑山头”引汉代刘向《列仙传》王子乔于缑山乘鹤成仙一事，“海屋老人为我添新筹”用宋代苏轼《东坡志林》中海屋老人遇海水变桑田而下筹事，以神妙之喻赋予了沧海又一重色彩。

“铁崖道人”是杨维桢惯用的自我称谓，结合其性格气质和诗学观念来看，诗中“凌风乘舟”的道人形象正是他自由无羁的精神人格的形象化展现。诗虽写仙人，实则展现其自身之性情气质，抒发个人的真实情感，这正契合了杨维桢“诗本情性，有性此有情，有情此有诗也”（杨维桢《剡韶诗序》）的诗学观念，是其“情性”诗论的生动呈现。杨维桢的游仙想象式作品以海洋仙境体验为表层内容、以个人情性为精神内核，在传统游仙诗华丽典雅的风格之外又加入了豪放奇险之元素，使其海洋诗歌更具艺术魅力。

二、揭示海民生活疾苦

杨维桢泰定四年（1327）中进士，授天台县尹，任职三年后因故免官。归家隐居近四年，改绍兴路钱清场盐司令，掌管盐场一应事务。他在职五年，尽管官位低微，却始终怀抱为民办事的初衷，关注现实民生。在沿海地区的仕宦经历使杨维桢对海乡生活有了深刻的了解，也写下了诸多沾染着海乡气息的诗作。此时其海洋诗歌的重点在于展示与海洋相关的官民生活状况及生命体验，渗透着其政治态度与浓厚的人文关怀。这些诗按照艺术形式可分为竹枝词与乐府两类。

竹枝词的创作在元末蔚然成风，杨维桢是重要倡导者。他将古乐府“感于哀乐，缘事而发”的精神和唐代元白“新乐府”批判现实的内容融入自己的创作中，在一定程度上拓展了竹枝词的题材范围，提高了竹枝词的表现力，使之成为既能反映广阔的社会生活，又具有浓郁的民歌风味与地域色彩的特殊艺术形式。

最具代表性的是《海乡竹枝歌》组诗四首。元代对食盐业的管控步步加强，在官府严苛的盐政下，盐户们时常遭受严重剥削。杨维桢目睹了官府重赋带给盐民的苦难，也听到挣扎在苦难中老百姓的呼喊，此类悯时病俗之作表现出他对盐民艰苦生活的深切关注与同情。《铁崖乐府》自记“海乡竹枝，非敢以继风人之鼓吹，于以达亭民之疾苦也，观民风者或有取焉”即表明杨维桢作诗自觉地继承了国风反映现实的传统，“缘事而发”，有为而作。诗云：

潮来潮退白洋沙，白洋女儿把锄耙。
苦海熬干是何日？免得侬来爬雪沙。

门前海坍到竹篱，阶前腥臊蟛子肥。
㧐㹠三岁未识父，郎在海东何日归？

海头风吹杨白花，海头女儿《杨白歌》。
杨花满头作盐舞，不与斤两添铜铊。

颜面似墨双脚赪，当官脱袴受黄荆。
生女宁当嫁盘瓠，誓莫近嫁宋家亭。

元代时，浙江出现了以组诗的形式描写海村风光和渔民生活的海洋诗歌，这已是前代未出现过的新形式；而以竹枝词叙写海乡地区盐民的生活、关注海乡一带亭民疾苦的，杨维桢是文学史上第一人，因而组诗充分发扬了竹枝词刚健清新的风格，表现出真率自然、长于抒情的特点。诗以盐女自白的口吻，从多个方面表现了盐民们的凄苦生活，尤其将妇女耙盐劳动的艰辛，对流荡他乡的丈夫的思念，独自抚养孩子的心酸以及因上交官盐不足数而遭受酷刑的苦楚体现得淋漓尽致。一方面，杨维桢借助吟咏海乡风物叙写民情，诗中充满对劳动妇女的满腔同情，也表现出其对盐民疾苦生活的关切与反思；另一方面，杨维桢作诗有着强烈的“风土意识”，善于将人文风情与地域美景相结合，在展现百姓生活原貌的同时赋予诗歌以浓厚的地域文化色彩。《海乡竹枝歌》以真实而生动的景物描写绘出一幅海乡地区的风景画，杨维桢借助沿海特有的意象如“白洋沙”“海坍”“蟛子”等，将亲眼所见的现实生活图景记于诗中，沿海的腥风气息就此流于笔端。

乐府诗是杨维桢诗歌创作中尤为出色的部分。其以海洋为题材的“铁崖”乐府表现内容丰富，艺术手法多样，在其诗歌创作中独具特色。其中以反映社会现实与揭示人民疾苦为主题的作品叙事意味浓厚，具有强烈的现实意义。

《盐商行》揭露了元代时部分盐商势炎熏灼、勾结官僚盘剥致富的黑暗现实。

……大农课盐析秋毫，凡民不敢争锥刀。盐商本是贱家子，独与王家埒富豪。亭丁焦头烧海榷，盐商洗手筹运握。大席一囊三百斤，漕津牛马千蹄角。司纲改法开新河，盐商添力莫谁何。大艘钲鼓顺流下，检制孰敢悬官铊。吁嗟海王不爱宝，夷吾策之成伯道。如何后世严立法，只与盐商成富媪。……

“亭丁焦头烧海榷”以白描手法讲述了盐工连日烧煮海盐的劳作生活，他们甚至热得头都被烫焦了，而盐商却“洗手筹运握”，舒服地盘算着如何牟取暴利。这些盐商以财力雄踞一世，连官府也奈何其不得，以至于“大艘钲鼓顺流下，检制孰敢悬官铊”，无人敢检查他们的盐船。“如何后世严立法，只与盐商成富媪”则深刻讽刺了朝廷的腐败和“检制”“立法”等政策的混乱。杨维桢运用叙事、议论与感叹等多种手法，极写盐商压榨盐丁、使百姓深受其害的悲惨现实，加重了诗篇的感情色彩。此类主题的诗还有《盐车重》等。

值得一提的是，杨维桢善于从既有的题材和形式中得到启发，然后加以开掘与改制，对古乐府进行创新，使旧形式焕发出新的光彩。《卖盐妇》是杨维桢乐府诗中少有的美刺现实的叙事长诗，诗以现实主义的手法，揭露了风尘四起、楼船百战的海上战争给普通百姓带来的灾难。

卖盐妇，百结青裙走风雨。雨花洒盐盐作卤，背负空筐泪如缕。三日破铛无粟煮，老姑饥寒更愁苦。……“年来海上风尘起，楼船百战秋涛里。良人贾勇身先死，白骨谁知填海水。前年大儿征饶州，饶州未复军尚留。去年小儿攻高邮，可怜血作淮河流。中原音讯绝，官仓不开口。……君不见绣衣使者浙河东，采诗正欲观民风。莫弃吾侬卖盐妇，归朝先奏明光宫。”

丈夫早已战死海上，两个儿子相继应征入伍后也音讯全无。孤身一人的老妇只有靠卖盐维持生计，却又遭遇“雨花洒盐”，竹筐成空。诗以朴素而精炼的笔墨叙写了一位贫困妇人的凄苦生活，其如泣如诉的自白叙述了家中的悲惨遭遇，也深刻揭露了当时黑暗的社会现实。元代盐业发达，盐将荣华带给了一些人的同时，也将辛酸带给了更多的人。诗末“莫弃吾侬卖盐妇，归朝先奏明光宫”借老妇之口，呼吁朝廷体察人民疾苦，流露出诗人对底层人民苦难生活的深切同情，颇得杜甫《三吏》《三别》真传，读来令人悲不能已。

又如《山鹿篇》，同样将盐民的疾苦生活表现得淋漓尽致：

> 山头鹿，距跄跄，目瞠瞠。田租未了压盐租，夫死亭官杓头杖。夫死捉少妻，拷妻折髁不能啼。妻投河，作河妇。狱丁捉，白头母。

诗以山头鹿起兴，以鹿的惊恐之状衬托出狱丁的凶狠与残忍。丈夫因不堪田租与盐租的重负死于亭官的“杓头杖”，其妻又因不堪拷打而被逼跳河，最后连白头老母也被捕入狱，亭官的残暴从打死男人、逼少妻跳河再到捉白头母一层层加深。诗的语言虽质朴，却字字血、句句泪，这种看似纯客观的叙述，更沉痛也更深刻。杨维桢并未使用有韵律的句式，而是以跳跃性的散句叙事，使得诗歌的节奏充满跳跃性，这也是其乐府诗的创新之处。

海上不定时掀起的狂风巨浪是沿海居民生命与财产安全的最大威胁，《海塘》着墨于海潮的摄人气势，以“银河忽如瓠子决”为引，展现了如红涛黑浪般汹涌的余姚海潮给沿海人民生活造成的危害，表现出杨维桢对民生问题的关注。

> 天吴蜚，精卫啼。姚江之北，蛟门之西。大禹东来朝会稽，九河一疏锡元圭。寥寥三千岁，桑田几沧海。洚水日横流，我思诉真宰。相门子，叶大夫，莅政三月初，海如瓠子决，滟濒趋，红涛黑浪争吞屠。元光白马有祭璧，羽山黄熊无玉书。蛟眼赤射日，蜒民不宁居。……手锁阳侯之咽，脚踏支析之股。……海不波，石不穿，河清海晏三千年。

余姚地区自古常遇洪水侵蚀，民不聊生。自唐代开始，官府曾多次遣人筑堤以巩固河岸，但洪水凶猛，河堤屡被冲毁。元代至正元年（1341），州判叶恒在官府的支持下主持修筑工作，凭“锁阳侯之咽，踏支析之股”之魄力最终筑成坚不可摧的石堤。诗开头即用“蜚、啼”两个极具感情色彩的词，增加了震慑力；而后引神话故事中的形象展开描写：“羽山黄熊”引用大禹的父亲鲧因治水不成功被尧处死后在羽山神化为熊的典故，渲染了洪水侵蚀下蜒民生活的不宁；借“阳侯”“支祁”两个传说中被镇压的水怪的形象，从侧面展示出建成后的海堤坚不可摧的豪迈气势。整首诗句式奔放自由，又内含铿锵激昂、跳跃如珠的节奏韵律，极富音乐美，展现出“铁崖体”戛戛独造的语言特色。

杨维桢以揭示海乡人民生活疾苦为主题的诗歌展现了海民生活的原貌，表达出他对沿海劳动人民的深切关怀。一方面，他将原本状风土、抒情思的竹枝词移而揭示黑暗的社会现实，因时感事，取材的地域海乡在竹枝词中属首位，赋予了竹枝词以独特的色彩，诗中贯穿的“情性论”诗学理念也以真挚的感情和对现实生活的关切为新题材增添了活力；另一方面，杨维桢以海民生活为题材的乐府诗体现出他作诗自觉的“风土化”意识和世俗化倾向，及其革新性的创作实践对乐府诗歌的推动与发展。此时的海洋不再只是其向往的仙游圣地，更增添了回归现实民生的写实意义，极富真实性。

三、展现多样涉海活动

在开放的海洋政策与造船、航海技术不断提升的条件下，元代海洋活动日趋活跃，杨维桢以纪实的方式将此类活动记录于诗中。

首先，海上漕运。元代漕运事业规模宏大，朝廷对漕粮海运制度的改革与创新给予高度重视。杨维桢曾作诗吟咏漕运相关事。

《重建海道都漕运万户府诗》反映了至正七年（1347），任海运万户的西夏人买述丁见治所敝陋而倡议官员共同修缮海道都漕运万户府一事。

> 神人手执鲸鲵鞭，朝发扶桑暮咸渊。……十风五雨熟大田，天仓如泉积陈身。武夫翼艘挟飞仙，天人交赞利万全。漕臣奏功帝曰然，囷星煌煌千万年。

买述丁认为府治所的破败景象与朝廷对海运万户府的重视程度不符，便筹资重建府治及仓库。耗时一年的修建工作完成后，“规制视昔宏而壮”。（杨维桢《重建海道都漕运万户府碑》）“神人手执鲸鲵鞭，朝发扶桑暮咸渊”以新颖诡奇的想象和夸张对之后的海运盛况大加赞誉，“天人交赞利万全”更突显了万户府竣工后的宁波运河在漕粮海运中的重要地位。

其次，海上送行。元代海上交通便利，人们得以自由往来于海陆各地，因而描写海上送别的诗歌增多。杨维桢《送贡尚书入闽》一诗记录了至正十七年（1357）送别好友漕运尚书贡师泰远赴福建任职一事：

绣衣经略南来后，漕运尚书又入闽。万里铜盐开越峤，千艘升斗贸蕃人。香熏茉莉春醒重，叶卷槟榔晓馔频。海道东归闲未得，法冠重戴发如银。

时年近六十岁的贡师泰虽早已萌生退意，但国难当前，他仍选择对朝廷竭诚尽忠，“法冠重戴”再次入闽。到任后，贡师泰恪尽职守，两年间“以闽盐易粮由海道转给京师，凡为粮数十万石，朝建赖焉。”（宋濂《元史》）“香薰茉莉”“叶卷槟榔”等福建罕见物资在百姓间的流行程度也足以见出此时的漕运盛况。

最后，海上贸易。自至元十九年（1282）太仓试开海运起，作为始发港的刘家港便逐渐发展成为江南最重要的物品集散地之一。元末寓居太仓的杨维桢目睹外商至太仓的贸易场景，作纪事诗《冶春口号》（其四）记录了刘家港吸引天下商贾前来买卖的海运盛况。诗云：

鲛卵兼斤传海上，海人一尺立阶前。娄江马头天下少，春水如天即放船。

身形一尺的东南亚族“海人”携带着名贵的鲛卵等物品，在太仓码头与国人进行贸易交换。是时太仓港港区从娄江入海口一直延伸到太仓城及城南的南码头，粮艘商舶集如林木，终元一代，繁华不衰。“娄江马头天下少”可以想见，此时的太仓港港阔水深，已经是个能够停泊天下巨轮的大规模港口。

综上所述，杨维桢对海上活动的书写反映出元代与海洋有关的诸多政治策略，以及这些海洋政策对于当时社会各阶层的意义与影响，因此这部分诗作时代特点鲜明，具有重要的史料价值。

总而言之，杨维桢的海洋诗歌体现了其对海洋的接触与认识，生动地再现了元末东南沿海的风光、真实的海民生活与多样的海洋活动。一方面，杨诗继承了前代海洋文学中的意象、语言营造方式，以及在“达亭民之疾苦”的责任心下对海滨民众生活的关注；另一方面，其诗又扩大了海洋诗歌的表现题材，将前人未曾或很少关注的内容纳入诗中，以新颖的形式（如竹枝词等）来表现，这在诗坛上为数不多，因此令人瞩目，也对后代表现海洋情感的诗歌创作有着重要的启发作用。

（作者单位：中国海洋大学文学与新闻传播学院）

明末清初两种才女观研究

魏 笑

明清前以才华著称的女性堪称凤毛麟角，自明代中后期开始，出现了越来越多的才女，据胡文楷《历代妇女著作考》考订，明清女性作家3750余人，占古代女性作家总数的九成。越来越多的学者支持女性创作，如章学诚“古之贤女，贵有才也。”（章学诚《文史通义》）然而才女却不能如才子一般由科举或诗坛成就来评判，因而才女的定义颇具争论，主流的才女观主要分为袁枚所推崇的“书写性灵才女”与章学诚主张的“古典经史才女”两种。

早期学界将袁枚当作女性文学的支持者，陈东原《中国妇女生活史》论述袁枚是女性写作的支持者，将袁枚的言行视为对“道统”的反动，而将批判袁枚招收女弟子的章学诚被当作“保守”思想的代表，是“以卫道自居”（胡适《章实斋年谱》）。当今学界对袁枚与章学诚的女性创作观进行了更深入的分析，如谢贵安《试析章学诚的妇女观及对其史学的影响》指出章学诚强调名教纲常与妇德，黄晓丹《章学诚与袁枚的“妇学”论争及其经学背景》立足于章学诚与袁枚“妇学”观点的差异研究二者的经史追求，顾一凡《章学诚所撰墓志及其学术思想互文》由章学诚学术思想及对袁枚批判来探究其妇学观。

上述研究章学诚才女观的作者虽提及章学诚对袁枚招收女弟子的批判，但未将二者对女性创作的两种态度总结为两种具有代表性的才女观。而研究才女观的作者旁征博引女性作品，如孙康宜《明清诗媛与女子才德观》《明清文人的经典论和女性观》，仅以进步性与封建落后性评判袁枚与章学诚的女性创作观。

本文的创新点在于以小见大，将袁枚与章学诚对女性创作的两种态度明确总结为两种具有代表性的才女观，不简单以进步性与封建落后性评判二者，而是结合两种才女观背后的“才德之辩”与经学背景，发掘才女观的本质是男性创作者自身创作思想的反射。两种才女观的争论客观上推进了中国女性文化的发展，其中对于才德的争辩、才女判断依据的探讨，都使得有关女性文学创作的问题进一步深化，促进了女性文学多元化的发展。

一、书写性灵才女

章学诚抨击袁枚广招女弟子，传授诗业是雕虫小技，非正道。章学诚抨击袁枚时，袁枚已行将就木，且章氏学说在当世并未盛行，故无法探究袁枚对章氏抨击的回应。下文将分析袁枚所收女弟子的主要构成、创作诗作与风格以及袁枚对其评价，以此来探求袁枚所主张的“才女观”。

袁枚晚年漫游东南山水，广招女弟子授诗，举行过两次有众多女诗人参与的“湖楼诗会”，于嘉庆元年编纂《随园女弟子诗选》，由弟子汪心农作序：

> 随园先生到处，女子能诗者皆敛衽及地，以弟子礼见。先生有教无类，就其所呈篇什，都为拔优选胜而存之，久乃裒然成集。

众多女子慕名拜师：“四方士至江南，必造随园投诗文，几无虚日。”（姚鼐《袁随园君墓志铭》）随园女弟子也广有诗名，清晖楼主《清代闺阁诗钞》序所云：“至有清一代，闺阁之中，名媛杰出，如蕉园七子、吴中十子、随园女弟子等，至今犹脍炙人口。”

据《随园女弟子诗选》《小仓山房集》《国朝闺秀正始集》《清代闺阁诗人徵略》及胡文楷《历代妇女著作考》考辨，随园女弟子多出身吴越，其父或其夫为知识分子，能熏陶其创作。如孙原湘、席佩兰夫妇（孙原湘为1805年进士）共案而读互为师友，原湘《示内》诗句有云：“赖有闺房如学舍，一编横

放两人看。”又如四川按察使孙嘉乐之女：云凤、云鹤、云鸾、云鸿、云鹄、云鹇，并工书画、诗词。（胡文楷《历代妇女著作考》）

袁枚鼓励女性表达情感，将女性写作带到公共视野之下。如被袁枚称为“本朝第一”的女弟子席佩兰所作《夏夜示外》：

夜深衣薄露华凝，屡欲催眠恐未应。恰有天风解人意，窗前吹灭读书灯。

女诗人欣喜风善解人意，吹灭丈夫夜读书灯。比起男作家以女性口吻作诗，女诗人的心声吐露则更为直白与真实，这种直白的吐露即是性灵派对女性诗歌推重的原因。

与金逸、席佩兰并称为袁枚“闺中三大知己”的严蕊珠才学过人，擅化用典故。袁枚《随园诗话》称赞严蕊珠博闻强识：“随即引据某书某史，历历如指掌……余为骇然，其博闻强识如此。论诗数语尤得此中三昧。”

严蕊珠年幼工诗，未嫁而夭，她的诗比深闺怨妇多了些许天真烂漫，常以江南秀丽景色入诗，如其所作《春日杂咏》：

粘天芳草翠平铺，三月江南似画图。小立溪边春祓禊，水中人影万花扶。

——其二

如烟小雨润苔衣，花坞风酣蛱蝶飞。杨柳多情又多事，绾将春到放春归。

——其四

前一首严蕊珠化用诗句，描写江南三月，人们到溪水边祓禊的场景。“粘天芳草”化用秦观《满庭芳》中的“天粘衰草”，巧妙地将原诗的萧瑟之景化为明媚春日，袁枚称赞“运化成语，驱使百家，人习而不察”（袁枚《随园诗话补遗》）。

后一首蕊珠以细腻的笔触描绘江南春色，小雨如雾湿润青苔，花丛中蛱蝶飞舞，杨柳多情地将春绾住又放走。风格隽秀，趣味盎然，雷缙《闺秀诗话》称其为："绮思清才，诵之齿颊生芬。"

随园女弟子所作诗歌多为闺中心声吐露，"性灵派"主张作者将自己的情感体验灌注于诗，推崇直白真实的心声吐露。女子交际范围不如男子广，也无法谋求功名或像男子一般走遍大江南北，致使女性创作更倾向于剖析内心的情感，故出现大量闺怨或感发亲情的诗作。众多"不发于外"的女性思想与心理随着女性写诗创作揭露于外，比男子假借女子口吻所写的诗句更加真实而贴切。

从袁枚招收女弟子的出身构成、所作诗歌内容与风格以及袁枚对女弟子诗作的高度评价，可窥见袁枚的才女观。袁枚广收女弟子，主张女子将自己的情感体验灌注于诗中，推崇才女有诗才。

二、古典经史才女

胡适《章实斋年谱》评述章学诚："对于同时的三个名人，戴震、汪中、袁枚，皆不佩服，皆深有贬辞。但先生对戴震尚时有很诚恳的赞语；对汪中也深赞其文学；独对袁枚则始终存一种深恶痛绝的态度。"

章学诚作于嘉庆元年至二年的《丙辰札记》抨击袁枚招收女弟子吟咏风月：

> 近有浮薄不根之人，倡为才子佳人名色，标榜声气，蛊惑士女，尽决礼义之防，一时无识男妇竞相趋附，轻于蛱蝶杨花，无复人禽之别。
>
> 奈大家闺阁，千金之体，理宜如何珍惜，而顾以偶解五七字句押韵之语，不惜呈身露面，甘拜心术倾邪，纤诡轻薄、毫无学问之无品文人，屈居弟子，听其品题，自以为幸。

章学诚又作《妇学》及《妇学篇书后》声讨袁枚招收女弟子吟咏风月，败坏女性学术。章学诚在《文史通义》提出"六经皆史"的观点，此观点也是其学术总纲。"六经皆史也。古人不著书，古人未尝离事而言理，六经皆先王之政典也。”“三代以上，记注有成法，而撰述无定名；三代以下，撰述有定名，而记注无成法。”（章学诚《文史通义》）在章学诚“经世致用”的史学思想中，文必须借与史及典章制度相关联才是“道”，记录政教典章的“著述之文”价值远高于表达私人情感与个人才华的“文人之文”。

章学诚生活的时代正值女性文学发展时期，当世的众多女性热衷于拜师求学、作诗结社。女子拜师作诗有违传统纲常礼教中的“男女有别”及“内言不出于阃”。章学诚批判道：

> 大江以南，名门大家闺阁多为所诱……征诗刻稿，标榜声名，无复男女之嫌，殆忘其身之雌矣。此等闺娃，阁多为所诱，妇学不修，岂有真才实学可取？（章学诚《丁巳札记》）

章学诚指出“妇学”是“德言容功，所该者广，非如后世只以文艺为学也。”章氏指出妇学必须依于礼：“古之妇学，必由礼而通诗”。章氏认为是否以礼为本是古今妇学的区别：“古之妇学，必由礼以通诗；今之妇学，转因诗而败礼。”（章学诚《文史通义》）今之妇学成为章学诚的批评对象。

在《妇学》篇中章学诚提出周朝即有博学的女性在宫中任教，周王朝衰微后，女性成为家学的传承者，教育子女延续学问之道。章学诚不反对女性学习文辞，他主张女性应恪守纲常礼教，以礼制为依托进行文学创作。章学诚批判女性作诗吟风弄月，他认为才女需有纯正的古典经史之学。

在章学诚为女性所作墓志铭中也可窥见其对于“才女”的定义，即相夫有政声，训子为令臣的贤妻良母。章学诚对恪守纲常、助夫取得功名的女性大加赞扬：

> 始归时，家故寒素，封公甚嗜书。尝得《春秋》《国语》古刻本，费无所偿。夫人亦色喜，即脱簪珥售之。……有奁田十亩，夫人既治织纴，躬课耕获，内自刻苦，撙节旨蓄，晚岁广田逾十倍。……呜呼，若夫人者，刘向所传，曹大家所颂。（章学诚《皇清例封孺人邵室袁孺人墓志铭》）

章学诚赞扬朱氏熟读经史，有“古名臣贤母之风”，记录其深明大义，阻止儿子苛待罪犯以求清名：

> 家先世传清白风，我不患儿为墨吏也。夫廉吏亦自无畏，或流苛刻，去酷吏曾有几耶？以廉论之，则张汤严延年之徒亦清苦自守士，然其心术尚可问耶？夫勉为廉者不显其廉，流于刻者不知其刻也。（章学诚《皇清例封孺人邵室袁孺人墓志铭》）

精通儒家经典的母亲能助子立德立言，也能助子取得功名。张藻是张之顼与才女顾若宪之女，大儒毕沅之母。毕沅幼承母教，家学渊源深厚，被指为一甲一名进士。张氏去世后，乾隆赐御笔卷轴“经训克家”，以表彰其教子之德。

章学诚认为“妇学”传统下的女性写作既非私人情感的表达，也非个人才华的显露，而是符合伦理秩序和社会分工的需要。章学诚所肯定的才女并非一般意义上有才学的女子，而是熟读经史，才思不出于阃外，符合纲常名教，相夫有政声，训子为令臣的女性。

三、两种才女观的时代背景

（一）德才之辩

宋代以前《诗品》《文心雕龙》等较为完备的文集和评论著作，选取作品的作者都为男性，对女性作家及其作品少有关注，才女意识淡薄。宋时才女创作逐渐受重视，如张端义称赞李清照善属文、有才思（张端义《贵耳集》），李清照的诗才虽广被认可，但仍有众多对其贞德的非议。王灼在《碧鸡漫志》中批判李清照再嫁是不守妇道，朱彧《萍洲可谈》认为李清照再嫁是晚节不保。宋代理学背景下，贞德是评判才女的重要标准。

明以前，女性少有读书识字的机会，所受教育多为女教，可阅读的书籍种类较少。明清商品经济发展对社会造成冲击，传统的价值观遭到挑战，市民文学兴起。印刷术发达，书坊遍布：“凡刻之地有三：吴也、越也、闽也。……其精，吴为最；其多，闽为最；越皆次之。"（胡应麟《少室山房笔从》）女性获得更多读书识字机会，甚至出现教授女子学业的闺塾师。

明末宦官干政，朝政黑暗腐败，仕子在官场难以实现抱负，而才女作品少有流传，被历史埋没。此时期文人与才女遭际类似，对被埋没的才女施以同情，政治上的失意也使他们有更多精力去收集和整理女性的作品，如钟惺编选女性作品集《名媛诗归》，钱谦益编《列朝诗集》中有专门收录女性作品的《香奁集》。

明清涌现出众多的才女也引起了维护礼教者的担忧，明末吕坤作《闺训》，清王相之母作《女范捷录》，陈宏谋作《教女遗规》提倡女子不需有才，需有德。两种才女观的争论主要集中于"德才"之辩。

孙奇逢批评才女作诗将内言发于外：

> 我闻之：妇人无才即是德，近来妇人结社，拜客作诗，至男子为其妇见才，持其诗献当道，求为刻传，大家称述，以为韵事，吁嗟！此风浸淫不已，岂世终无阳刚大人，一洗此阴靡者乎？（孙奇逢《孙征君日谱录存》）

地方志中记有经史之才的女子，尤突出其相夫教子，温婉孝亲之"德"：

> 监生陈应奎妻陆氏，襁褓中即能识字。比长涉猎经史，工诗有才女之目。既归陈，事祖姑及舅姑温凊无亏。夫得瘵疾，氏刲股和药以进。夫殁，晨夕守灵帏。母徐年老多病，氏常归省，刲股者再。母殁，哀毁，亲制皮被于棺外。（冯桂芬《（同治）苏州府志》）

郝懿行妻王照园有经史之才，被称为婉俭先生，得到社会高度认可："日与懿行考订经史，疏《尔雅》，笺《山海经》，名噪都下。有《列女传补注》八卷，《叙录》一卷，《列女传校正》一卷，《叙赞》一卷。"（王蕴章《然脂余韵》）

与注重"德"，维护纲常礼教、推崇古典经史的才女相比，不注重"德"，注重书写性灵才女亦受到推崇。女诗人王端淑编选《名媛诗纬》，对“德”有失的“绥狐桑濮者”“青楼终不自振者”之作亦有收录。

明末结社已成风气，文人引导才女结社吟诗。任兆麟妻张允滋发起清溪吟社，主张书法性灵，社众参禅悟道，结交僧尼，诗集合刻为《吴中女士诗抄》。乾嘉时期，袁枚所结随园诗社广有诗名。“随园”之后，陈文述所收碧城仙馆女弟子也广有诗才，随园女弟子骆绮兰将之与袁枚并举。后期陈文述自我陶醉，自比被贬下凡的谪仙，因为女诗人的尊崇而重回仙界。也体现出男性文人虽引导女性作诗，但仍以自我为中心。道光十九年，钱塘沈善宝与满族顾春发起“秋红吟社”，诗社成员包含江南与京师才女，不再局限于某一地区或某家族亲友，女子独立结社，不再依附男性文人。

（二）经学背景

明朝中后期王阳明心学的崛起和广泛传播对官方哲学程朱理学产生了巨大的冲击，心学思潮的兴起使传统观念受到极大的挑战。越来越多的女性开始接受教育，追求更高的才情，思想观念上的转变促进了才女群体的涌现。

以袁氏兄弟和钟惺为首的公安派和竟陵派反对呆滞古板的传统模式，提倡“独抒性灵，不拘格套”。此外，受心学左派影响的文人士大夫，以多种非正统的文学形式诸如小说、戏曲来呼吁思想和人性解放。李贽对一向轻视女性的统治思想发出了挑战，肯定女子之才：

> 夫妇人不出闻域，而男子则桑弧蓬矢以射四方，见有长短，不待言也。……余窃谓欲论见之长短者当如此，不可止以妇人之见为见短也。故谓人有男女则可，谓见有男女，岂可乎？设使女人其身而男子其见，乐闻正论而知俗语之不足听，乐学出世而知浮世之不足恋，则恐当世男子视之，皆当羞愧流汗，不敢出声矣。（李贽《焚书·续焚书》）

李贽反对封建社会官方所宣扬的女子贞洁观，对于再嫁司马相如的卓文君和自己选择配偶的红拂女大为赞赏。受到王阳明心学的冲击与影响，社会掀起个性解放的思潮，张扬个性、追求才情，占据社会文化中心的名士群体对女性的才情给予肯定和赞扬，鼓励女性创作，才女观随之发展。

袁枚与章学诚二人才女观的差异实源于二者经学背景的差异，袁枚在社会思潮的发展下沿袭王学，主张“六经皆文”。章学诚则维护程朱理学，主张“六经皆史”。

袁枚沿袭王学将“道”变为“情”，章学诚的经世史学则将天理自然之“道”转为政治制度与人伦日用。对于章学诚与袁枚的学术差异，钱穆指出“实斋以义理言，简斋以辞章言。”“简斋不言德性，而言才情。”（钱穆《中国近三百年学术史》）钱锺书评论二者创作差异：“随园主性灵为诗，而曰‘识力最难。’实斋主识力为学，而曰‘性灵独至’。一以为无性灵而持模拟堆砌不足为诗；一以为无识力而持记诵才辩不足为学。”（钱锺书《谈艺录》）袁枚少年得志，自居为才子，以灵感进行诗文创作，而章学诚则当世不显，扬名于后世，专注于史学著述。

袁枚所收女弟子将“不得出于外”的私人情感生发于外，袁枚尤为推崇的女弟子席佩兰作诗感谢风善解人意，灭灯使丈夫无法夜读，只得休息。按照纲常礼教，女性的职责是相夫教子，协助丈夫考取功名。女诗人却感谢风令丈夫不用夜读用功，全然与纲常礼教相违。又如严蕊珠多习诗集典故，也有自己独到见解，却不倾注精力于经史著作，只醉心于“雕虫小技”的诗歌创作，故而“书写性灵才女”在维护纲常礼教者眼中是悖伦的。

袁枚提出“六经皆文”，认为“道”不存在于上古的“经”中，而存于任一时代的人心之中：

> 夫德行本也，文章末也，《六经》者，亦圣人之文章耳，其本不在是也。古之圣人，德在心，功业在世，顾肯为文章以自表著耶？孔子道不行，方雅言《诗》《书》、礼以立教，而其时无《六经》名。后世不得见圣人，然后拾其遗文坠典，强而名之曰经。增其数曰六、曰九，要皆后人之为，非圣人意也。
>
> 《六经》，文之始也。降而三《传》，而两汉，而六朝，而唐宋，奇正骈散，体制相诡，要其归宿无他，曰顾名思义而已。（袁枚《小仓山房诗文集》）

王阳明所主张的“心即理”在泰州学派演变为“性而味，性而色，性而声，性而安逸”的自然人性论，发展到袁枚将“道”变为“情”。袁枚认定道本于人心，仗于才、游于艺、驰于情，从心所欲则道在其中。因而袁枚不再强求经史之道，鼓励女性情感表达、将女性写作带到公共视野之下，主张“书写性灵才女”，将“道”变为“情”。

章学诚提出“六经皆史”，重纲常名教，推崇纲常名教远高于才学，认为女性创作是符合伦理秩序和社会分工的表达，而非私人情感的表达，也非个人才华的显露，不可自由抒发自己的情感。章氏认为袁枚招收女弟子，男女唱和之文有悖于男女防嫌，有损名教纲常。女性所拥有的才学须在名教纲常的限制下施展。

“古典经史才女”与“书写性灵才女”是特定文化背景、特定思潮影响下男性创作者自身创作思想与经史思想的反射，反映了男性创作者对女性创作的期待。

四、两种才女观的内在关系及影响

在以男性为主导的封建社会，才女的作品在男性文人的支持提倡下得以保存、彰显并广为流传，才女观与以男性为主导的意识形态推动密切相关。

晚明才女沈宜修的丈夫叶绍袁有言：“丈夫有三不朽：立德立功立言。而妇人亦有三焉：德也，才与色也，几昭昭乎鼎千古矣。”（叶绍袁《午梦堂集》）叶绍袁的妻子与三女俱有才名，他将妻女的作品都收录文集中，可见对妻女之“才”的认可。这一时期男性视角，将女性之“德”放在首位，才色随后。

董家遵《中国古代婚姻研究》统计历代的节妇、烈女，其中明代节妇、烈女达数万人，是前代人数总和的数百倍。在宋明理学的纲常伦理下，女性需维护礼教等级秩序，成为相夫训子的贤妻良母。章学诚给予极高评价的蕲州理学世家顾氏，有众多遵守纲常礼教的“古典经史才女”：“有明湖北人文风尚数变，至公安、竟陵而益靡矣。事极则反，蕲州顾氏父子，以鸿才绝学振起衰颓。”（章学诚《湖北通志检存录》）顾天锡的苦节朱姑疾病仍授经不辍：“幼受尚书戴礼毛诗，能属文……老益饥寒，授诸侄孙经，取少米脯，疾病呻吟不可忍闻，而授经不辍。”（顾景星《白茅堂集》）为维护理学与纲常礼教，“古典经史才女”受到推崇。

随着阳明心学对理学的冲击，明清各地的地方志也开始关注节妇烈女之外的才女，才女得以载入史册。才女的数量与质量体现着当地的文化，地方文化对才女的需要促进了家族对才女的培养，明末清初时期才女群体的大规模出现离不开家庭内部男性文人的支持。“名父之女，少禀庭训，有父兄为之提倡，则成就自易；才士之妻闺房唱和，有夫婿为之点缀，则声气易通；令子之母，侪辈所尊，有后嗣为之表扬，则流誉自广。”（胡文楷《历代妇女著作考》）男性文人为了家族声望或是为与妻子唱和、享赌书泼茶之趣，培养出众多“书写性灵才女”。

明清女性文学繁荣，众多文人参与到女性别集的编纂中，文集的编选标准展现了男性文人视角下的“才女”。据胡文楷《历代妇女著述考》，明代之前保留的女性作品总集不足十部，明代女性作品集有此前的数倍之多。文集编纂多按照诗文的艺术水平，而明代文人所编的女性文集却不单纯以才女之“才”为标准。郦琥编纂的《彤管遗编》与胡文焕编纂的《新刻彤管摘奇》，最为推崇“才德并茂”的女子，将“德行有污”的才女列为次一等。而钱谦益编《列朝诗集》，闰集为专门收录女性作品的《香奁集》，收录最多的是江南名妓王微、景翩翩之作，风尘女子虽德行有亏，钱谦益却对其诗作大加赞赏。钱谦益并非严格遵守传统礼教之人，不以“德”作为判断才女的最高标准。

明清两种才女观“古典经史才女”与“书写性灵才女”是特定时期男性主导创作对女性创作的映射，反映了男性创作者对女性创作的期待：相夫教子或是吟诗作伴，传承经史或是唱酬慰藉，“古典经史才女”与“书写性灵才女”是男性创作者自身创作思想与经史思想的反射，而忽略了女性主体的思想。鼓励女性创作经史或是创作诗词有着时代进步性，也有以男性创作主体为主导的落后性。

在我国古代社会，女性活动范围被禁锢在家庭，缺乏受教育与阅读创作的机会。从先秦到明中叶，文学史上留名的女性屈指可数，地方志、列女传多以贞德评判女性，对女子之“才”少有推崇。随着阳明心学对理学的冲击，更开放的才女观应运而生。在封建礼教背景下，对于女性的评判将“德”放于首位，注重德才并举，有才无德也不能称之为“才女”。明末清初的思想解放潮流，促使“书写性灵才女观”被推崇。“古典经史才女观”肯定女子之才，推崇女子能如男子一般传承经史，为才女正名。“书写性灵才女观”肯定女子诗才，鼓励女性抒发内心，创作女性视角下的文学，为男性主导日趋僵化的文坛带来了新的生机。

社会主流才女观对女性创作者产生影响，也在生活的价值取向及写作上产生深远影响。在提倡古典经史才女的才女观下，才女们恪守纲常礼教，注重“德”，创作向符合正统礼教靠近，自觉用儒家经典来规范诗文创作。如才女顾若璞引用诗经来论证女性作诗的合理性：“妇德兼妇言，古识之矣。卷耳之什，首列风人，未见逾节，柳絮单词，流耀千载。”（胡文楷《历代妇女著作考》）又如王端淑编选《名媛诗纬》，收集大量闺秀诗作，尤为推崇创作如男性文人般“有骨力者”，才女使自身文人化。

同时在提倡“书写性灵才女观”之下，才女们剖析内心情感，将纲常礼教中不得发于外的“内言”借诗歌创作寄托于外，体现出创作的“情”与“真”。袁枚认为唯有写出真情才是好诗，才女创作贵在“情”与“真”。“以千金之珠易鱼之一目，而鱼不乐者，何也？目虽贱而真，珠虽贵而伪故。”（袁枚《答蕺园论诗书》）文人结社吟诗，才女家族亲朋或某一范围内追随文人结社唱和，甚至发展为多地才女相交往，独自结社创作。

“书写性灵才女观”下，女性认识到才的重要性，不局限于追求如男子般创造经史成就，才女的创作领域得以拓宽。明末清初时期闺秀才女开始进行散曲创作，主要有叶小纨所作的《鸳鸯梦》、梁梦昭的《相思砚》和阮丽珍的《燕子笺》等，还有才女创作弹词，如陶贞怀的《天雨花》、朱素仙的《玉连环》等。

两种才女观在社会思潮影响下，集中于才德的争辩，相互制衡，在才女的生活价值取向及写作内容上产生深远影响。男性主导的才女观，鼓励女子能如男子一般传承经史，为女性创作正名，促使女性开始创作。男性文人对女性作品的编纂收录，鼓励女子书写性灵，对当时社会的女性产生冲击，使她们认识到才的重要性，女性独抒性灵，在多领域进行创作，促进了女性文学的多样化发展，为男性主导的日趋僵化的文坛创造新生机，同时也反映了明清社会进步思潮与女性意识的觉醒。

结 语

明清前才女堪称凤毛麟角，女性在男性主导的文学创作领域缺乏话语权。同时在纲常伦理秩序的约束下，“德”是评判女性的最高标准，女性的才华被忽视，未发展出成熟明确的才女观。而明末清初之际，随着商品经济市民文学的发展以及阳明心学对理学的冲击，男性文人对女性创作者加以关注。“古典经史才女”与“书写性灵才女”两种才女观是男性文人对理想女性的期待，映射了男性文人的经史志向及创作倾向。两种才女观念相互制衡是特定时代背景下的产物，对才女的生活价值取向及写作内容产生深远影响。两种才女观的争论客观上推进了中国女性文化的发展，他们对女性才德的争辩、才女判断依据的探讨，都使得有关女性文学创作的问题进一步深化，促进了女性文学多元化的发展。女性在多领域进行创作，反映了明清社会进步思潮与女性意识的觉醒，为男性主导的日趋僵化的文坛创造新生机。

（作者单位：山东大学文学院）

李浩教授学术传略

胡永杰

一

李浩老师的学术研究始于在西北大学工作之后，但他之所以走上学术研究道路，并形成自己的学术特色，实和他少年的经历不无关系。

李浩出生于陕北毛乌素沙漠南缘的靖边县。那是一个山川险阻、风高土厚、五方杂错、民风质朴之地。历史上的陕北诞生过高迎祥、李自成等乱世雄杰，柳青、路遥等文学巨匠，民国报人张际鸾、当代经济学家张维迎也曾生活在这一带。在这块土地上出生、成长，对他学术个性的形成，具有潜移默化的影响。

作为20世纪60年代出生的学者，李浩童年和少年时和多数同龄人一样，不可避免要面对难得有书可读的处境。不过在读书方面，他是个“不安分”的孩子，因为书籍实在是太稀缺，无论是革命“圣经”还是所谓“精神毒草”，只要感兴趣他都会拿来阅读。因此，在小伙伴当中他是一个读书多的人，身边常有一群追随者，围着听他讲故事；年少的他现学现卖，将刚看过或学过的内容复述给大家，有时还添油加醋、绘声绘色，满足小伙伴们的好奇心。

庞杂的阅读使李浩对家乡以外的世界有了无限遐想，中学时期所遇见的老师们，则给他插上了追寻学术梦想的翅膀。20世纪70年代的靖边虽然偏远，但20世纪50年代后期陆续集聚于此、执教于此的外地大学生，却给当地年轻人搭起了一座通往外部世界的桥梁。经济学家张维迎先生回忆他的家乡吴堡宋家川时说，当时那里有好多来自名校的大学生执教。李浩也回忆道，他当年就读的靖边中学汇聚了从全国各地来的几十位好老师，他们用渊博的知识唤醒了少年们对学问的好奇心和探索欲，他们的各地方言，与当地人完全不同的作派习惯，也让年轻人们充满羡慕和向往。李浩在《双飞翼》一文中曾说："教师要有坚实的专业基础，能系统全面地传授相关专业的知识谱系，但这仅仅是一翼；还有另外一翼，就是带领学生去畅想、去想象、去憧憬、去领略外面五彩缤纷的广大世界。"中学时代的老师们给少年李浩插上了飞向广阔世界的双翼，而这也成了李浩自觉继承的传统，他用近四十年的教师生涯不断地践行着这一理念。

1976年夏秋之交的一次经历，如洪钟巨响，唤醒了这个小城青年，让他重新规划自己的人生。当时李浩已在县文工团有一份做舞台美术的工作，有一次随团赴安塞、志丹、延安等地演出，刚抵志丹，便传来延安遭遇百年不遇洪水的消息，滞留志丹的他便每天到僻静清幽的烈士公园画画写生。在那段时间，他经常见到几个操着京腔的知青，早上朗读外语，傍晚畅谈读书心得，他们挥斥方遒、纵论时政、忧心国事的书生意气，也深深地触动了同样年青的李浩。他一下子醒悟了，知道了自己要走的路。1979年，他以高分考入西北大学中文系。

二

1983年大学毕业，李浩师从著名李白研究专家安旗先生读硕士研究生。安旗先生当时正带领薛天纬、阎琦、房日晰等人进行李白诗歌系年、笺注工作。依常情，李浩应在李白研究领域选择硕士论文题目，但他选择的却是王维、孟浩然。据他说，他主要是考虑到前人对李白研究已经很多，硕士论文难以出新，不如选择当时研究成果还较少的王维、孟浩然。李浩的硕士论文最终成果是对《孟浩然集》的校注和研究，毕业答辩完成后，却一直没有联系出版。他解释说，作硕士论文时，大陆学界尚无《孟浩然集》的整理成果，但由于当时学术信息不畅，他完成自己的工作后，却发现陆续有多部《孟集校注》成果问世，所以他将自己的稿件封存了起来。从硕士论文的经历看，李浩虽然没有走李白研究之路，但安旗先生在李白研究上勇于立说开派的学术精神，对他影响很大。他后来出版的《唐诗美学》《唐代园林别业考论》两部著作，就明显地体现了这种学术精神和个性。

《唐诗美学》(1992年初版)和《唐代园林别业考论》(1996年初版)是李浩较早的两部著作。《唐诗美学》是李浩在为本科生上课的讲义基础上改写而成，此书在文本细读、大量诗歌分析的基础上，对唐诗的美学特征、艺术方法作了归纳总结：认为境界是唐代诗歌的重要审美规定，乃唐诗美学的纽结；认为中国古典诗歌具有重抒情的特质，自然世界对于中国古人而言既为财用之源，又为审美对象、精神家园这种独特的人与宇宙自然之关系，决定了唐诗审美以虚实相生、眼前有限之景之象启发无限之境的境界创造为追求目标，而唐诗中的模糊思维、空白艺术、情感体验、自然书写、语言技巧等种种艺术手法，则是实现这一目的的途径。此著作多次再版，并最终命名为《唐诗的文本阐释》，收入近期出版的《李浩学术文集》中。

《唐代园林别业考论》则是对《全唐诗》《全唐文》及史籍、笔记中所记载的唐人园林别业的考录，此著作还对唐人园林别业的审美特征、与文学及文人生活之关系作了多角度论述。有关中国古代园林别业，园林古建学界研究较多，在唐代文学研究领域，侯迺慧教授在台湾政治大学的博士论文《诗情与幽境——唐代文人的园林生活》(东大图书公司1991年版)，林继中教授《唐诗与庄园文化》(漓江出版社1996年版)，李浩老师《唐代园林别业考论》(西北大学出版社1996年版)，都是这一领域的拓荒之作。园林与文学的关系，实为唐代文学领域的重要问题。李浩关注此课题，显示了他能够在广大的文史领域中“预流”，而他的独特开拓和坚持不懈，则又体现出他学术研究的个性。

可以说这两部著作在选题、学术旨趣、学术个性上都有李浩当年作硕士论文时的踪影。王维、孟浩然也创作了许多兴象玲珑、境界高远的山水诗、田园诗和园林诗，李浩撰写《唐诗美学》，把境界作为唐诗审美追求的关键，应和当年研读王、孟诗歌及唐代自然诗时的感受密不可分；《唐代园林别业考论》的撰写，则直接缘于阅读唐代园林诗和山水游记而获得的感触(《唐代园林别业考论·后记》，西北大学出版社1998年版)。因为王维、孟浩然等自然书写者诗歌成就的取得、特点的形成，显然和他们的园林生活有关，称《唐代园林别业考论》为李浩对王、孟研究领域的延伸和拓展，当不算过分。

三

1995年至1998年李浩师从陕西师范大学霍松林先生攻读博士，1999年至2001年师从复旦大学王水照先生做博士后研究工作，两次深造是李浩学术研究提升的两个契机，也是他学术研究生涯的一个新阶段。

1995年，李浩35岁，学术上已崭露头角。此时选择攻读博士学位，一方面是因为仰慕霍松林先生的风范，另一方面是因为他想在学术上有新的突破。李浩为专心撰写博士论文，还辞去了西北大学中文系副主任的职务。在霍先生的指导下，他选择了《唐代关中士族与文学》为博士论文题目。

唐代关中文学研究属于地域文学或地域文化与文学关系研究领域，中古士族也是史学界关注已久的一个热点问题，陈寅恪、钱穆、唐长孺、毛汉光等大陆、港台历史学家早有丰富的研究成果，日本、欧美汉学界也对此有浓厚的兴趣。两者都不是新鲜的问题。但是中古士族和地域文学、唐代文学的关系问题，当时学界还关注不多，也没有找到合适的结合点。李浩从唐代士族的角度切入，来考察唐代关中文学，则是一个新的视角和方法，当然这也是一个极具挑战性的课题。

李浩对此问题突破的关键，是吸收了历史学家毛汉光、宋德熹在陈寅恪先生论断的基础上，进一步提出的“唐代士族中央化”现象，即唐代最显赫的士族普遍疏离原籍，迁移到长安、洛阳两京地区的现象。受此论断的启发，他对唐人刘秩谈及的“隋氏罢中正，举选不本乡曲，故里闾无豪族，井邑无衣冠，人不土著，萃处京畿”〔(唐)杜佑撰，王文锦等点校《通典》卷十七《选举五》，中华书局1988年版〕，柳芳把本为河东著姓的裴、薛、柳三姓列入关中郡姓的现象给予了充分重视。从而提出唐代关中文人群体的构成应包括关中本土作家群、河东著姓加盟关中文坛者、胡姓士族加盟关中文坛者、江南士人播迁关中者、山东士人加盟关中者〔《唐代关中士族与文学(增订本)》,中国社会科学出版社2003年版〕。如此来界定唐代关中文学的主体(文人),显然是对传统地域文学研究观念的重大突破,不但使对唐代关中文学的认识更加契合实际、更为深入,也为整个地域文学研究提供了新的借鉴,开拓了新的视野。此书出版后,很快获得了学界的广泛关注,也有许多肯定性评价〔可参看卞孝萱先生为此著所作之序,见《唐代关中士族与文学(增订本)》,中国社会科学出版社2003年版〕。

1999年,李浩赴复旦大学师从王水照先生从事博士后工作,以《唐代三大地域文学士族研究》为题,进行地域与家族的后续性研究。此著作把对唐文学地域性的考察从关中扩展至唐代全域,是其博士论文所研究问题的扩展,也是对此前著作相关方法、理论的深化和推进。王水照先生评价说:"本书不是他前此成果,特别是《唐代关中士族与文学》一书的简单延伸,而是在理论观念、学术视野、文献占有与考辨、研究方法与手段诸方面的一个突进性的发展。"(《唐代三大地域文学士族研究》,中华书局2008年版)比如,此著依旧把唐代士族和士族的迁移流动作为关注的重点,但已进一步关注到唐代士族迁移流动和其居住型态变化的关系,即由唐前的"城市与乡村双家型态"演变为"郡望——新贯——现住地"的"三家型态"或"多家型态"。对唐代士族迁移流动的关注,也从"中央化"的视野扩展至更为广阔、多样的视野。再比如对文学士族与贤能标准变迁之关系、士族的教育等问题的关注等。

《唐代关中士族与文学》《唐代三大地域文学士族研究》两书出版后,李浩又继续唐园研究工作,将《唐代园林别业考论》中"考录"部分增补扩充,形成《唐代园林别业考录》单独出版。之后,其学术生涯转入了另一个阶段。

四

进入21世纪,李浩除了常规的教学、科研工作之外,还先后兼任过一段时间西北大学文学院和学校层面的管理工作。由于他在长期学术研究和教学工作中形成喜好思考和探索的习惯,他能因地因时制宜,使他的学术研究进入了一个更为广博的阶段。所谓广博,是指他能同时打开几个学术研究的

“视窗”，一方面跟踪新出唐代墓志的动向，及时发布新文献的学术研究资讯，另一方面继续对传世文献作细化深耕研究，同时也为学界、学生、学校“与津梁”，作服务。

对于新出土的唐代墓志，李浩在《唐代关中士族与文学》和《唐代三大地域文学士族研究》中已有敏锐的关注并作了相关研究。这一时期，他充分利用陕西的地利之便，以新发现的石刻文献，来活化、深化、细化对相关问题的关注与思考。比如《新发现唐李百药墓志铭及其价值》《唐代士族转型的新案例》两文，通过新出土的曾身历北齐、北周、隋、唐四个朝代的著名文人李百药墓志所载他卒后葬于长安，并援引杜预等四位古人不返葬原籍地的事例作说辞等现象，与其家族其他成员墓志比较，指出这不仅是对毛汉光先生所提出的“唐代士族中央化”、他自己所揭示的“郡望——新贯——现住地”的“三家型态”或“多家型态”等现象的有力佐证，也表现出士族中央化最初可能还存在一个“新旧迁葬风俗的交替还需要一个逐渐合法化的过程”。并进而思考，通过李百药家族迁移这样的案例，引出传统“中唐变革论”以中唐作为社会变迁之开端的看法，可能需要修正，其起点可能并不始于中唐，甚至不始于初唐，有可能需要前推。再比如他的《新见唐代安优婆姨塔铭汉文部分释读》等文，则把对唐对士族迁移现象关注的视野，拓展至了外国士人、家族向长安的迁移问题。这样的研究累积下来，最终形成《摩石录》一书，于2020年由联经出版公司出版。

在个人学术研究之外，李浩也在文献、史料整理，教材编写等领域投注了很多精力，即所谓“为学术作津梁”的工作。比如他和陈尚君教授、郝润华教授带领团队进行的《清编〈全唐文〉校订》工作，这项工作历时将近十年，目前已接近完成。他又和日本学者松原朗教授共同进行了《日本学人唐代文史研究八人集》等海外唐代文史研究成果的汉文翻译工作。他还主编了《唐诗吟咏》《昆池长歌》《榆阳区古代碑刻艺术博物馆藏志》等，为陕西地方历史文化资料的编纂整理做了大量工作。这些文献或史料整理工作，费时费力，有学者戏称是“为他人作嫁衣裳”，但这对于学术研究和地方文化建设而言，无疑是重要的基础性工作。

李浩是一位学者，更是一位老师。他倡导“课比天大”的理念，鼓励学生追求卓越学术，善于也乐于把学者的思维和老师的工作结合起来，抑或说他善于也乐于把教学、教育工作上升到学术探索的高度。他在教学中强调给本科生以知识，给硕士生以方法，给博士生以视野（葛兆光语）。除了在讲台上践行这些理念，他还通过一系列教材的编写把这些理念、方法予以总结。1992年出版的《唐诗美学》其实就是他长期为本科生讲授唐诗鉴赏课的经验总结。后来主编的《中国古代文学史》（隋唐五代卷）、《中国古代文学名著导读》，都是针对本科生的特点而编写的系列教材和学习参考书。在为硕士研究生授课的基础上，李浩主编出版了《中国古代文学研究方法导论》《中国古代文学研究经典精读》两部教材。为博士生授课，他也专门编写了讲义《文学研究新思维》。由他牵头的相关教学实践与教材建设成果，还曾荣获国家级优秀教学成果二等奖。

李浩担任过西北大学文学院院长，也曾兼任过西北大学副校长，负责学校教学管理工作。他将对教学管理、教坛体验、教育思考的心得体会，汇集为《课比天大》一书，还著成《濡羽编》，对中国古代文学、中文学科教学、研究中的问题和解决途径等作了新的思考和探索。

2015年，李浩主持了国家社科规划重点课题“唐代园林与文学研究”，2018年他主持了国家社科重大课题“中国古代园林文学文献整理与研究”，这两项关联性的研究工作的启动，标志着他学术研究生涯另一个新阶段的开始。

从1986年走上讲台算起，李浩老师在科研、教学工作中已经耕耘了近40年。40年不可谓短，其成果也不可谓不丰，但对于他而言，这只是有限的一部分。在人文社科研究领域，他其实才步入学术研究的盛年期。我们有理由期待他在这个新阶段，能给学术界奉献出更厚重的成果来。

（作者单位：河南社会科学院文学所）